法律与政策实证研究前沿

主编 魏建／副主编 李春明 林舒

山东大学出版社

图书在版编目(CIP)数据

法律与政策实证研究前沿. 2018 / 魏建主编.
—济南:山东大学出版社,2018. 6
ISBN 978-7-5607-6077-3

Ⅰ. ①法… Ⅱ. ①魏… Ⅲ. ①法律—研究②政策—研究
Ⅳ. ①D9②D0

中国版本图书馆 CIP 数据核字(2018)第 116357 号

责任编辑:尹凤桐
封面设计:牛 钧

出版发行:山东大学出版社
社 址 山东省济南市山大南路 20 号
邮 编 250100
电 话 市场部(0531)88364466
经 销:山东省新华书店
印 刷:济南新科印务有限公司
规 格:720 毫米×1000 毫米 1/16
11 印张 186 千字
版 次:2018 年 6 月第 1 版
印 次:2018 年 6 月第 1 次印刷
定 价:36.00 元

前　言

一、开展“法律与政策实证研究”的重要意义

2000年以来，我国的法律实证研究成果在数量和质量上均呈稳步提升态势。有学者统计，截至2015年，法学学者在“三大刊”上发表的以“实证”为标题的文章已达38篇，在除“三大刊”之外的CLSCL期刊上的发表的以“实证”为标题的文章已达182篇，在CSSCI来源期刊（含扩展板）上发表的以“实证”为标题的文章已达297篇，共计517篇。而在2000年之前，在三类期刊上发表的以“实证”为标题的文章数量仅为18篇。[①] 可见，在当代中国的法学界，已经兴起了法律实证研究的新风，成为一种与法教义学研究、社科法学研究并行的重要的研究范式。

法律实证研究的兴起，既适应了国际法学界研究热潮，也适应了当代中国发展的需要。

第一，法律实证研究适应了国际法学研究热潮和国际法学发展趋势。据左为民教授的研究，当代实证法律研究20世纪90年代晚期在美国法学圈崛起，并在21世纪获得迅猛发展。2004年 *Journal of Empirical Legal Studies* 由康奈尔法学院编辑出版；第一届美国实证法律研究年会于2006年10月在德克萨斯法学院召开，截至2016年共召开了11届。时至今日，实证法律研究已成美国法学界主流研究范式之一，越来越多的青年学者从事实证研究。而首届欧洲实证法律研究年会于2015年6月在阿姆斯特丹大学法学院召开，首届亚洲实证法律研究年会定于2017年6月在台北市召开。[②] 这表明，法律实证

① 程金华：《当代中国的法律实证研究》，《中国法学》2015年第6期。

② 左卫民：《一场新的范式革命？——解读中国法律实证研究》，《清华法学》2017年第3期。

研究已经成为世界性趋势,成为一种重要的法学研究方法和范式的创新。

第二,法律实证研究适应了大数据时代提供的历史机遇与技术支持。伴随着"大数据"时代的到来,人类社会已经进入"社会数字化"与"数字社会化"时代,使用大数据来进行商业、社会、经济与政治决策日益普遍。在大数据时代,社会科学研究不可避免地"大数据化",法学研究也不例外。同时,法律活动的公开性也令其越来越"大数据化",例如中国裁判文书网的出现以及大范围地公布司法裁判文书,使之成为中国司法乃至整个法律大数据的最新也是最重要的表现形式。此外,一批关注法律大数据的法律实务与学术研究方面的机构、个人均开始投人大数据的收集、分析和应用进程。关注和运用大数据的法律与法学研究方式会是相当长时间内中国法律与法学界的普遍趋势。①

第三,法律实证研究弥补了法教义学、社科法学研究范式的局限,对于中国法治建设具有独特的价值。目前,在法学研究领域,存在三种研究:法教义学研究、社科法学研究和实证法学研究。法教义学研究、社科法学研究具有自己独特的研究优势,同时也具有明显的研究劣势。而法律实证研究能够弥补他们的缺陷,对当代中国的法治建设具有独特的价值。左为民教授指出:法教义学更多关注的是法律应该是什么,实践应该及如何接近立法;而社科法学虽然关注实践,但往往通过个案的深度挖掘与解析来发现法之真谛,或提出独特的理论命题,却可能因为考察对象的有限而失之偏颇。相反,实证研究基于数据的研究方法,决定了其本质上不仅是一种实践法学,以实践(包括立法实践与司法实践)为关注的中心对象,更由于关注对象的广泛性,解读的客观性与注重归纳的研究思路,易于获取真知,检验理论并进而提出新观点。②

另外,在公共政策领域,实证研究对共同政策制定和评估的科学性、实效性同样具有重要的意义。公共政策是现代政府用以管理和规范社会,体现价值目标,进行资源分配和再分配的重要管理手段。③ 实证方法强调事实和经验,促使人们对政策过程进行更细的分析,考察问题的每一环节,找出问题的具体所在,进行修正。这就大大推动了政策制定和评估的科学化水平。所以,公共政策领域的实证研究同样具有重要的现实意义。

---

① 左卫民:《一场新的范式革命?——解读中国法律实证研究》,《清华法学》2017年第3期。

② 左卫民:《一场新的范式革命?——解读中国法律实证研究》,《清华法学》2017年第3期。

③ 蓝志勇:《实证科学与现代公共政策》,钟杨主编:《实证社会科学》第1卷,上海交通大学出版社2016年版,第6页。

由此可见，实证研究对于开拓法学、政策学研究新的研究方法和研究范式具有重要的意义。但是，目前国内期刊界鲜有开辟专栏对其进行集中研究者。鉴于此，《山东大学学报（哲学社会科学版）》发挥综合性社科学报的优势，自2017年开设“法律与政策实证研究”栏目，以期进一步推进实证研究在法学、政策学研究中的运用，搭建高水平的学术交流平台和良好的互动合作机制，促进学科发展，推动我国法治建设，提升公共政策质量。该栏目开设一年来，共发表文章10篇，内容涉及刑事诉讼法实证研究、民事诉讼法实证研究、公共政策实证研究等领域。为集中展示该栏目开设一年来的研究成果，我们把该10篇文章结集出版。

二、“法律与政策实证研究”的热点问题与领域

（一）刑事诉讼法实证研究

刑事诉讼法实证研究一直是法律实证研究的热门领域。《山东大学学报（哲学社会科学版）》2017年所刊发的7篇法律实证类文章中，刑事诉讼法实证研究有4篇，也反映出这一研究热点领域。它们分别是徐清的《刑事诉讼中公检法三机关间的“共议格局”——一种组织社会学解读》（2017年第3期），刘广三、李艳霞的《论认罪认罚从宽制度的立法完善——以实证研究为视角》（2017年第4期），熊谋林、王馨兰、陈强的《合理运用监视居住：从错案的发回重审反思审前羁押（1979～2014）》（2017年第5期），田源的《刑事二审不开庭审理常态化现象透析与问题疏解——以D省Z市中院为分析样本》（2017年第5期）。

长期以来，实务界和理论界均未对公检法三机关在实践中的关系给予充分关注，特别是基于田野调查的实证研究成果更显单薄。徐清的《刑事诉讼中公检法三机关间的“共议格局”——一种组织社会学解读》（2017年第3期）一文，通过对大量一手数据的分析，认为当下中国的司法体制中，公检法三机关的“共议格局”已经形成了一种制度化的非正式行动。在实践中，“共议格局”表现为检察机关纠正法院违法适用时的“不确定性”、逆向运转的刑事诉讼程序和稳定的刑事抗诉率。“共议格局”的本质是法院外部组织场域的结构化，体现了我国的基层法院不仅受到内部权力型组织结构的影响，还受到来自外部组织场域中多重因素的制约，法院改革是一种全方位、多主体的整体规划和设计。

认罪认罚从宽制度是我国宽严相济刑事政策的制度化,高度契合"以审判为中心"的诉讼制度改革稳健运行的迫切需要。为了解司法实践中法律职业人和被告人对于这一制度的认识状况以推进立法完善。2015 年底至 2016 年 2 月,北京师范大学"刑事诉讼中认罪认罚从宽制度司法实证研究"项目组进行了"刑事诉讼中认罪认罚从宽司法实证研究"课题问卷调查。问卷横跨我国东中西部地区,纵跨南北方,具有广泛的代表性。在此基础上,形成了 2017 年第 4 期刘广三、李艳霞的《论认罪认罚从宽制度的立法完善——以实证研究为视角》一文。该研究表明,当前我国法律职业人与被告人对认罪认罚从宽制度的认识存在诸多差异,这一差异折射出认罪认罚从宽制度的立法缺陷,主要表现为"认罪""认罚""从宽"内涵界定不明、从宽效力和幅度缺乏规定以及程序设置缺失。最后,作者提出了完善认罪认罚从宽制度的立法建议,即明晰"认罪""认罚""从宽"的内涵,厘清从宽的效力和具体幅度,规范认罪认罚从宽制度的程序设置。

对"事实不清,证据不足"的裁判发回重审是防范冤假错案的重要方式,是从中华人民共和国建立初期就一直存在的操作模式,但这必然会增加无辜者的羁押期限。熊谋林、王馨兰、陈强的《合理运用监视居住:从错案的发回重审反思审前羁押(1979～2014)》(2017 年第 5 期)一文,主题是考察司法实践中的错案羁押问题。在资料来源上,作者查阅并收集了 1979～2014 涉及错案的新闻报道、学术文章,并对每一个案例是否羁押,判决生效以前的审前羁押天数、上诉结果,再审结果,罪名类型、审级次数和判决结果等作了统计,共计 316 件错案。作者发现,在目前的诉讼机制之下,错案的发回重审意味着重新计算审限,使得持续羁押或者变相性超期羁押问题更加严重;按现行刑诉法规定,发回重审意味着无辜者在长期羁押状态下再次遭受不利于己的裁判,这明显违背禁止双重危险、无罪推定、疑罪从无等刑诉基本原则。因此,作者建议,按照《刑事诉讼法》第 72 条规定,在限制重审和鼓励改判的前提下,对以"事实存疑"为由发回重审的案件,应将被告人变更为监视居住,而不是持续羁押。

我国现行《刑事诉讼法》规定了刑事二审案件以开庭方式审理的四种情形,除"其他应当开庭审理的案件"这一兜底条款之外,对"被告人被判处死刑的上诉案件""人民检察院抗诉的案件"条件的刑事二审案件,基本都保证了开庭审理。但被告人、自诉人及其法定代理人对"第一审认定的事实、证据提出异议"的上诉案件,却屡屡遭遇"开庭难",且缺乏有效的救济渠道。田源的《刑事二审不开庭审理常态化现象透析与问题疏解——以D省Z市中院为分析样本》(2017年第5期)一文,选取了D省Z市中级人民法院2012～2016年间的刑事二审案件审理方式适用情况为分析样本,分析了导致不开庭常态化表象背后的综合诱因,提出了促进刑事二审审理方式规范化行使的改进思路。刑事二审案件不开庭审理的常态化现象,源自于法律条文粗疏、法官认知偏差、案多人少压力、司法场域约束等多重因素。我们应该培塑法官对审理方式适用的价值认知,调整相关法律条文的模糊失当,设置可量化的审理方式适用标准,优化审理方式适用流程等措施,实现刑事二审审理方式的规范化适用。

(二)民事诉讼法实证研究

民事诉讼法实证研究也是法律实证研究的一大热点。《山东大学学报(哲学社会科学版)》2017年“法律与政策实证研究”栏目刊发这个领域的文章3篇。

深入研究小额诉讼程序在民间借贷案件中的适用,不仅有利于及时化解急剧增多的民间借贷纠纷,还可以为推动小额诉讼程序在司法实践中的运用提供指引。康娜、董国经的《论小额诉讼程序在民间借贷案件中的适用》(2017年第2期)一文,对陕西省神木县民间借贷案件进行统计分析,以此为基础论证民间借贷案件适用小额诉讼程序的意义与可行性。作者认为,大多民间借贷案件符合小额诉讼程序要求的“事实清楚、权利义务关系明确、争议不大”的标准。小额诉讼程序非常有利于解决民间借贷案件的诉讼拥堵问题。针对民间借贷案件在适用小额诉讼程序中存在的诸多阻力和疑难之处,作者建议应当适当提高适用标的额标准,增加当事人选择适用的权利;做好释明工作以减少当事人的适用顾虑;完善考核机制与调解机制减轻法官的审判压力;明确不适用的情形,完善与其他程序的衔接和其他操作规范。

最高人民法院在2003年颁布了《关于审理证券市场因虚假陈述引发的民事赔偿案件的若干规定》(简称《虚假陈述若干规定》),建立了现行的证券民事诉讼制度。证券民事诉讼制度是主要的公司外部治理制度,肩负着在事后保护投资者权益的重任。但是经过十余年的司法实践,该制度并未取得预期的效果。徐文鸣的《证券民事诉讼与投资者赔偿——基于虚假陈述案件的实证分析》(2017年第3期)一文,系统地收集了2013年11月至2016年10月人民法院关于证券虚假陈述责任纠纷的判决,从微观层面分析证券民事诉讼市场面临的主要问题。分析显示，投资者和证券律师之间存在显著的代理成本。由于参与诉讼的预期收益有限，投资者主动提起诉讼的比例很低。为了实现有效赔偿投资者的政策目标，应当建立由公共机构主导的集团诉讼制度。该制度可以通过实现规模经济降低单位求偿成本，同时避免私人主导集团诉讼的高昂代理成本。

我国《公司法》第 20 条规定："公司股东……不得滥用股东权利损害公司或者其他股东的利益"，"公司股东滥用股东权利给公司或者其他股东造成损失的，应当依法承担赔偿责任"。这被学界普遍认为是"禁止股东权利滥用条款"。如何遏制多数股东侵害少数股东利益的可能性？贺茜的《股东滥用权利的司法规制——法院适用〈公司法〉第 20 条的实证分析》(2017 年第 6 期)一文，对近年来法院适用《公司法》第 20 条的案件进行了实证研究。作者发现，《公司法》第 20 条平衡股东利益的正面效用已经开始逐步显现出来，在司法实践中对保护有限责任公司中受损股东利益已经产生了有利的影响，但在实践中仍然存在的法院认识不统一、判决说理简单、实质判断规则缺乏等问题。作者建议，在司法实践中，应当坚持多元化的审查标准，强化审查公司决策的合理性，对被锁定在公司中的少数股东提供应当的救济。

(三)公共政策实证研究

在我国，大部分处于现代化、城镇化边缘的传统乡村，留守儿童、留守妇女和留守老人已经成为乡村的主力人群，是乡村问题中具有典型性的问题。然而，对于这一社会问题的政策性实证分析尚欠不足。解永照、任建华的《"三留守"乡村的社会秩序及其再造》(2017 年第 2 期)一文认为，"三留守"人员既是乡村秩序失范的受害者，也在一定范围内构成了对乡村秩序的破坏和威胁。作者建议，破除城乡二元体制特别是城乡二元户籍制度的弊病，借助国家供给制度规范、加强乡村组织以承载村民自治、利用利益机制引导村民参与等来再造乡村秩序。

如何科学设定最低工资标准，发挥其"兜底"功能，保障劳动者基本利益，平衡劳资双方的利益分配，实现工资增长与生产就业的协调，是值得探索的重要命题。王蓓的《最低工资标准的科学测算与制度完善》(2017 年第 4 期)一文，以 S 省 C 市为实证样本，运用比重法、恩格尔系数法和 ELSE 模型法进行实证考察，认为比重法和恩格尔系数法作为计算最低工资标准的通用方法，存在较大缺陷，而ELES模型法是用来测算最低工资标准相对科学的工具。作者建议：政府在运用最低工资标准这一宏观调控工具时，应全面评估，综合考虑多种因素；坚持稳慎调整原则，实现最低工资与劳动就业的相互协调；注重最低工资标准与失业保险金、最低生活保障金的衔接和合理差距。

在金融领域，也需要处理好中央与地方的关系问题。2008年，中国人民银行和中国银监会联合发布了《关于小额贷款公司试点的指导意见》，将小额贷款公司的立法权、审批权和监管权下放到各省。近十年来，各省、自治区、直辖市制定了一部或多部小额贷款业监管的地方性规章或规范性文件。而找出各自治区、直辖市颁布的小额贷款公司规则和国家《关于小额贷款公司试点的指导意见》的差异，分析这些差异对于各省、自治区、直辖市小额贷款公司发展情况的影响，可以为金融领域处理好中央与地方的关系，提供良好的启示与借鉴。唐应茂的《中央和地方关系视角下的金融监管——一个小额贷款行业的实证研究》(2017年第6期)一文，收集和整理了2008～2015年全国各省、自治区、直辖市发布的小额贷款公司管理规则，比较了各省、自治区、直辖市规则与国家《指导意见》的差异，从而把地方规则与国家《指导意见》的关系分为两类：冲突型规则和拓展型规则。在冲突型规则中，作者将地方规定和国家《指导意见》进行比较，看地方规定比国家《指导意见》是更严格还是更宽松。根据这样的比较，将"冲突型"规则又分成"冲突—严格型"和"冲突—宽松型"两类。拓展型规则是指国家《指导意见》中没有任何规定，而地方规则做了不同程度的补充规定，形成了额外的地方规则。作者认为"扩展型"规则容易导致地方政府"寻租性"行为的可能性，也反映了地方政府为保护利益相关方而采取"审慎性"监管行为。

三、"法律与政策实证研究"存在的问题及研究趋势

"法律与政策实证研究"既反映了国际国内的学术研究热潮，也适应了当代中国的发展需求，并得到了广泛认可。《山东大学学报(哲学社会科学报)》2017年所刊发的文章，也取得了良好的学术反向。例如，王蓓的《最低工资标准的科学测算与制度完善》一文，被《高等学校文科学术文摘》2017年第2期主体转载；熊谋林、王馨兰、陈强的《合理运用监视居住：从错案的发回重审反思审前羁押(1979～2014)》一文，被《中国社会科学文摘》2017年第12期主体转载。田源的《刑事二审不开庭审理常态化现象透析与问题疏解——以D省Z

市中院为分析样本》一文,获得第十二届中国法学青年论坛论文二等奖,等等。

然而,我们认为,目前,国内的法律与政策实证研究方面还存在以下问题与不足:

第一,实证研究的分布不均。从《山东大学学报(哲学社会科学报)》2017年刊发成果看,法律实证研究更多集中在刑事领域以及刑事司法领域、民事及民事司法领域,这两个领域发文比重为分别为40%、30%。这也与国内整个法律实证研究的现状相吻合。目前在法学不同领域,在法学不同领域,法律实证研究存在明显的不均衡分布,在刑事诉讼法领域,实证研究已经(试图)影响立法。[①] 总的说来,法律实证研究"在诉讼法尤其是刑诉法领域较强"已成为学界共识,而在法理学、法史学、行政法等领域,还鲜见有影响力的实证性文章。

第二,对实证研究缺乏正确认识,"实证性"色彩还不够浓厚。虽然实证研究已经成为法学和政策学研究中的重要力量,但是从我刊接收的一些"实证类"文章可以看出,不少作者对"实证研究"还缺乏正确的认识。不少作者甚至包括文稿编辑认为,实证研究就是围绕论证主题搜罗一些相关数据、搜集几个典型案例,甚至还把实务部门召开座谈会的情形、围绕相关主题梳理发展脉络的情形,作为"实证研究"。由于对"实证研究"认识上的缺陷,使得有些文章的实证色彩大为降低。一方面,收集的相关数据和典型案例与主题相关性不足,从而对主题的支撑性不足。另一方面,某些"实证材料"缺乏作者自身的调查研究,仅仅是收集公开的相关数据和案例,作者本人实证调研的"一手材料"缺乏,给人"接地气"不足的感觉。

第三,从实证研究中进行有价值的理论思考的文章比较欠缺。针对目前的实证研究,有学者指出:实证研究中尽管获取了大量有价值的数据信息,但是除了数据堆积外,缺乏发人深省的问题揭示和理论思辨。现有的法律实证研究,更多体现为一种对策法学。致力于立法建言的对策法学尽管能在短期内催生大量学术成果,但是由于缺乏深入的论证和理论锤炼,很难具有长久的生命力。[②] 我刊2017年的刊文,也不同程度地存在这个问题。

我们认为,下一步,可以从如下几个方面入手,推动"法律与政策实证研究"的深入进行:第一,根据新时代我国法治建设和公共政策科学性、有效性建设的需要,精心设置相关选题,进行专题研究,提高研究的针对性和现实意义。

---

① 程金华:《当代中国的法律实证研究》,《中国法学》2015年第6期。

② 雷鑫洪:《方法论演进视野下的中国法律实证研究》,《法学研究》2017年第4期。

第二，拓展实证研究的领域。在重视民事、刑事领域实证研究的同时，加大对行政法治领域、法理学法史学领域以及公共政策领域的实证研究的力度，全方位推动法律与公共政策的实证研究。第三，着力提供实证类文章的“实证色彩”以及“实证质量”，注重在实证研究的基础上的理论辩思和理论总结，提供文中的理论内涵。

《山东大学学报（哲学社会科学报）》愿以《法律与政策实证研究前沿（2018）》付梓为契机，进一步与专家学者加强合作，更加精心地培育“法律与政策实证研究”专栏，为促进法律实证研究和公共政策实证研究更高水平的发展，做出应有的学术贡献。

编 者

2018 年 2 月 6 日

目录

刑事诉讼法实证分析

民事诉讼法实证分析

政策实证分析

刑事诉讼法实证分析

刑事诉讼中公检法三机关间的“共议格局”

——一种组织社会学解读

徐 清

人民检察院作为国家的法律监督机关，在我国刑事诉讼公检法三机关的互动关系中发挥着至关重要的作用。长期以来，实务界和理论界均未对三机关在实践中的关系给予充分关注。理论界对这一问题的讨论主要被涵盖在诸如检察机关与审判机关的宪法定位①、检察制度的构建②、无罪判决③、无罪辩护④、补充侦查⑤与刑事程序倒流⑥等具体问题的研究中，与司法改革中的其他热点问题相比，对该问题给予专门性讨论，尤其是基于田野调查的实证研究成果更显单薄。然而，公安与检察机关作为法院外部环境中的重要组成部分，其行动在法院的审判活动，尤其是刑事审判活动中，是需要关涉的组织变量。对某些在中国司法实践中公检法三机关之间已经出现的用西方理论无法解释的特有问题进行分析⑦，不仅具有刑事诉讼目的与价值论上的理论意义，也直接关系到司法改革的各项措施能否成功。

---

① 石茂生：《检察权与审判权关系再审视——基于审判权检察权运行的实证研究》，《法学杂志》2015年第2期。

② 参见谢小剑：《检察制度的中国图景》中的相关分析，中国政法大学出版社2014年版。

③ 王禄生：《论我国公诉案件的无罪处理机制》，《江西社会科学》2012年第3期。

④ 成安：《无罪辩护实证研究——以无罪辩护率为考察对象》，《西南民族大学学报（人文社会科学版）》2012年第2期。

⑤ 徐航：《退回补充侦查制度的实证分析——以审查起诉环节为视角的观察》，《中国刑事法杂志》2007年第3期。

⑥ 汪海燕：《论刑事程序倒流》，《法学研究》2008年第5期。

⑦ 陈瑞华：《法学研究方法的若干反思》，《中外法学》2015年第1期。

本次调查的田野点W市[①]位于Y省东南部的W壮族苗族自治州西部，为W州政治、经济、文化中心，下辖7个镇、7个乡(含5个民族乡)。考虑到本研究所及问题主要由检察机关的公诉部门和基层法院的刑事审判庭负责，故田野调查也主要集中在这两个具体的职能部门。

一、格局呈现：基于数据的观察

根据我国《宪法》及《刑事诉讼法》的规定，公检法三机关间的关系被定位为“分工负责，互相配合，互相制约”，据此，规范性意涵是三个组织“地位的独立性和权力的有限性”[②]。然而实践中，该条正式的法律规范仅仅是这三个主体行为规则的一种，在它们的相互关系中，应承认其他的一些规则并以此来调节它们的行为。[③] 这些行动中的非正式制度并非无迹可寻，“第一步就是要看看摆在面前的事实”[④]并对“法律运作中的量进行测定”[⑤]。刑事诉讼过程中检察机关对法院审判活动的监督主要包括抗诉和纠正违法两种方式，而法院对检察机关的制衡则表现为通过无罪判决制约其公诉活动。

表1　　全国检察机关抗诉状况(2010～2014年)　　(单位:件)

年度	各级法院审结一、二审刑事案件总数	各级检察院刑事抗诉案件总数	刑事案件抗诉率
2010年	881381	5425	0.62%
2011年	940661	5346	0.57%
2012年	1100995	6196	0.56%
2013年	1073205	6354	0.59%
2014年	1159000	7146	0.62%

数据来源:2010～2013年数据来源于《中国法律年鉴》,2014年数据来源于《2015年最高人民法院工作报告》和《2015年最高人检察院工作报告》。

---

① W市于2010年撤县改市，为保持文章的统一，后文中凡涉及W市2010年前的文件资料，均按现有行政名称。

② 韩大元、于文豪:《法院、检察院和公安机关的宪法关系》,《法学研究》2011年第3期。

③ [奥地利]尤根·埃利希:《法律社会学基本原理》,江西教育出版社2014年版,第29页。

④ Oliver Wen dell Holmes, “Law and Social Reform”, in the Mind and Faith of Justice, Holmes, *His Speeches, Essays, Letters and Judicial Opinions*, ed. By Max Lerner, The Modern Library, 1943, p. 401.

⑤ [美]唐纳德·J·布莱克:《法律的运作行为》,唐越、苏力译,中国政法大学出版社2004年版,第3页。

表 2　　Y 省 W 市人民检察院抗诉状况(2010～2014 年)　　(单位:件)

年度	W 市人民法院审结刑事案件总数	W 市人民检察院抗诉案件总数	抗诉率
2010 年	349	3	0.85%
2011 年	330	3	0.9%
2012 年	284	2	0.7%
2013 年	340	3	0.9%
2014 年	317	3	0.9%

数据来源:W 市人民检察院公诉科。

表 3　　全国各级法院无罪判决状况(2010～2014 年)　　(单位:人)

年度	各级法院刑事案件判决生效人数	无罪判决人数	无罪判决率
2010 年	1007419	999	0.1%
2011 年	1051000	891	0.08%
2012 年	1174133	727	0.06%
2013 年	1158000	825	0.07%
2014 年	1185000	778	0.06%

数据来源:2010～2013 年数据来源于《中国法律年鉴》,2014 年数据来源于《2015 年最高人民法院工作报告》和《2015 年最高人检察院工作报告》。

通过以上表格可以看出,在抗诉和无罪判决这两种主要的互相制约方式上,全国和 W 市连续五年的抗诉率和无罪判决率均呈现出一种“相对稳定”的态势特点。此处需要说明的问题是,之所以未列出 W 市人民法院的无罪判决数,是由于自 2010 年以来,该院并没有一件宣告无罪的刑事案件。这种“相对稳定”特点的具体表现是:首先,纵向角度的观察如表 1 和表 2 所示,连续五年全国检察机关的抗诉率均保持在 0.56%～0.62%之间,而 W 市检察院的抗诉率则保持在 0.7%～0.9%之间,全国各级法院的无罪判决率保持在 0.06% ～ 0.1%间。自 2012 年起,数据基本维持稳定,同时,W 市人民法院的无罪判决率始终保持不变。其次,横向角度的考察则是在基层法检主体之间,五年来检察院抗诉案件总数并未随法院收结案件总数呈现明显的正相关或负相关的波动关系,法院的无罪判决总数也并未随检察院公诉案件总数的变化发生浮动。

在此,刑事诉讼过程中来自检察机关和法院"相对稳定"的抗诉率和无罪判决率之间是否有关联?

"重复再现的组织现象是建筑在稳定持续的组织制度基础之上和相应的组织环境之中的"①,认识该种稳定持续的组织现象理应对支持其存在的结构基础和制度环境加以剖析。"相对稳定"的并非仅是表层成像的数据,其反映的是实践中处于"相对稳定"状态的组织关系,本文拟用"共议格局"这一概念抽象和概括公检法三机关间的这种组织结构与非正式行动。在此之所以未直接使用规范中的"配合"而用"共议"一词,是因为"配合"更侧重于对主体的要求、行动和所要达致的结果。而"共议"一词不仅包含了配合的行动及形成的结果,并且"议"字还能表现出主体在这种配合过程中起到的商议、协商作用。"格局"一词的内涵也不仅包括了公检法三个组织间已形成的结构形态,还包括了在这种结构中的组织对其所处时空位置的理解和把握。需要强调的是,"共议格局"是在中性意义上使用的一种概括,其反映出的不仅是正式制度与非正式制度间的冲突,也是公检法三个组织的正式结构与其刑事诉讼活动间松散耦合状态的呈现。故一方面,"共议格局"是在公检法三机关长期的互动过程中逐步形成的,与正式制度相脱离甚至相悖,旨在得到相互认同和相互支持的行动策略和规则。② 另一方面,该格局的形成也并非仅只是来源于司法机关内部某一个人的单方行为,而是生发于我国刑事司法传统并长期存在于司法实践中的一种组织主体间的集体行动。此格局的运行及其衍变,已经成为三者之间及其组织结构内部上下级之间的一种"共同知识"(common knowledge)③,对这种知识的运用形成了当下公检法三机关在司法组织场域中"制度化的非正式行为"④。

---

① [美]沃尔特·W·鲍威尔、[美]保罗·J·迪马吉奥主编:《组织分析的新制度主义》,姚伟译,上海人民出版社2008年版,第56页。

② 根据布莱特曼的共享合作理论,合作共享主要有三个特征:相互的回应、对共同行为的认同和对相互支持的认同,以此使得参与者间形成规范性的约束力量(Michael E. Shared Cooperative Activity, *Philosophical Review*, 101/2, April. 1992, p. 382)。

③ "共同知识"来源于博弈论,是交互主体间的共同性知识,即先行动的局中人可以考虑和预知后行动的局中人可能采取的行动(参见[美]库恩:《博弈论经典》,韩松译,中国人民法学出版社2004年版)。对于这种"共识",组织社会学理论也认为,当组织内或组织间的一定数量的行动者逐渐对他们场域的特定界定达成共识时,则我们可以说场域就是被很好地界定,并且是稳定的(参见[美]沃尔特·W·鲍威尔、[美]保罗·J·迪马吉奥主编:《组织分析的新制度主义》,姚伟译,上海人民出版社2008年版,第337页)。

④ 周雪光:《基层政府间的"共谋"现象:一个政府行为的制度逻辑》,《开放时代》2009年第12期。

二、“共议”表现:基于经验的分析

(一)纠正违法适用的“不确定性”

根据相关规定,人民检察院在审判活动中发现人民法院违反法定程序,有权在庭后提出纠正意见。据此,审判活动监督针对的内容是人民法院违反法定程序,监督时间是“事后”,即是在庭后提出,监督方式是提出书面的纠正意见。实践中通过纠正意见实现审判监督体现出“不确定性”的特点,具体表现在启动与否的任意性、适用内容与方式的随意性与制度效果的失灵三个方面。第一,启动与否的任意性。在W市法院刑庭的田野调查中笔者发现,并不是所有的程序违法均会启动检察院纠违。例如,检察院针对法定程序提出的纠违大多是没有在开庭前三日告知开庭时间,而开庭时若出现此种情况,通常会由法检两家口头协商后择日另行开庭。第二,适用内容与方式的随意性。一方面,纠正违法仅针对的是审判活动中的程序性违法行为,不包括其他,如表4中所示。实践中,其容纳的内容还包括了判决内容有误,频繁适用在诸如量刑适用法律错误、判处罚金错误、缓刑考验期计算错误等内容。另一方面,并非所有纠违都以书面形式作出,是采取口头方式还是书面方式,检察院具有单方的决定空间。因此,虽如表4所示,W市人民法院刑事审判活动中的程序性违法行为似乎在逐年减少,但由于受到二者间协商行动的影响,一些本应作出书面纠违的事项被以口头形式得到消解,故不能简单地由数量递减得出通过“纠违”提升了审判活动质量这一结论。在W市人民法院刑事审判庭的调查过程中,但凡谈及检察院作出的《纠正违法通知书》,法官们大多对此持反感态度。尽管主观层面如此,却并非如有的学者认为的那样,检察院的纠违没有执行上的强制力。[①] 在该市,检察院历年作出的《纠正违法通知书》均得到了法院的回应,即书面回复、采纳和更正。第三,制度效果的失灵。这一方面表现在,W市法院刑事审判活动中依旧频频出现相似或相同的程序性问题,并未因受到检察院的纠违而起到预防、改进和从根本上杜绝的制度效果。另一方面,从制度发生和存在的价值和目的上看,作为检察院法定监督权中的一项重要内容,审

---

① 尚爱国:《刑事诉讼监督检察中纠正违法制度的立法完善》,《人民检察》2006年第12期。

判活动监督的价值在于通过检法间的相互制约,实现对被告人诉讼权利的保障。实际运作中该制度适用的内容并未针对庭审中具有重要意义的诸如审判组织的选择和构成、非法证据排除以及其他涉及刑事证据的举证、质证等程序性事项,故该制度实际上并未发挥其应有作用。

表 4　W 市人民检察院向 W 市人民法院发出纠正违法情况统计(2010～2014 年)　(单位:件)

年度	发出《纠正违法通知书》总数	违反法定程序	判决内容有误
2010 年	33	21	12
2011 年	11	3	8
2012 年	2	1	1
2013 年	5	3	2
2014 年	4	2	2

数据来源:W 市人民检察院公诉科。

(二)逆向运转的程序方式

在本文的讨论范围中,逆向运转的程序方式主要指在刑事诉讼过程中,通过法院和检察院之间的协商运作,使得案件的处理逆转回前一诉讼阶段的行为,检法间对程序的逆转协商主要体现为审判阶段检察院撤回公诉。根据 W 市人民法院刑庭的田野观察,这种针对无罪案件的“协商型”处理流程大多是,案件进入审判阶段后若存在事实不清、证据不足、可能作出无罪判决时,承办法官首先会将案件提交庭室进行讨论,庭室讨论后由庭长直接与检察院公诉科负责人(通常是公诉科长)对接协调,协调的内容是刑事卷证中存在的影响定罪量刑的具体问题,进而建议检察院有针对性地进行补充侦查。一般情况下,检察院在补充侦查中并不会主动撤回公诉,故在用尽两次补充侦查,仍然存在无罪判决的可能时,案件将提交该院的审判委员会进行讨论。此时法院会通知检察长列席参与讨论、共同商议案件,讨论后若仍无法定罪,法院便会主动建议检察院撤回公诉。在 W 市法院,但凡经历此种流程后的建议,检察院均予以采纳。尽管从“结果”上看,撤回公诉后,检察院作出最终的不起诉决定,有利于维护被告人合法权益,然而若从“过程”角度分析,对在开庭审理后合议庭已经决定作出无罪判决的案件,再通过长时间的协商流程进行撤诉,这种迟来的正义却非正义,并且,从应然层面的权力架构审视,通过协商型逆向运转的“程序倒流”，法院的无罪判决与检察院可能因此而提出的抗诉均被提前排解，被告人被“商量着”出了罪，正式制度中关于权力间相互监督、相互制约的制衡架构也因此被虚置。

（三）稳定的刑事抗诉

刑事抗诉是检察机关行使法律监督权的一种重要方式，通过表 5 可以大致总结出 W 市人民检察院的刑事抗诉情况。首先，市检察院对法院未生效裁判提起抗诉的总数较少且数量保持稳定，存在应当抗诉但并未抗诉的情形。[①]其次，在提抗的原因类型上，64％的案件由于量刑错误，且 5 年来仅有 2 件针对法院量刑过重，对程序违法提起的抗诉案件数量最少。最后，从提抗的结果上看，市检察院历年的抗诉均得到了州检察院的支持，且最终均被法院改判。以上 W 市检察院的刑事抗诉特点与其组织结构和运作方式密切相关。W 市法院作出裁判并送达判决书后，检察院将启动组织内部的“三书会审”工作，即由案件承办检察官比对起诉意见书、起诉书和判决书，形成书面的审查报告并报备上一级检察院。“三书会审”时承办人通常会重点审查起诉书中定罪量刑的意见是否被法院采纳。为保证抗诉质量，承办人一般选择在法律上“拿得准”，即适用法律确有错误的案件提出抗诉。例如，在仅有的两件程序违法案件中，抗诉理由一件是由于违反了“上诉不加刑”原则，另一件则是由于法院对起诉书中未提出指控的犯罪事实进行了定罪。随后经过上下级组织内部的逐层把关，最后再通过上一级检察机关与其同级法院的沟通，自然达致了“抗准抗稳”的结果。

表 5　W 市人民检察院抗诉案件情况统计（2010～2014 年）　（单位：件）

年度	市检抗诉	州检支持抗诉	州中院裁判	定性错误	程序违法	量刑错误
2010	3	3	3 件改判	1	1	1
2011	3	3	3 件改判	0	0	3
2012	2	2	2 件改判	0	0	2
2013	3	3	2 件改判，1 件发回重审并改判	1	0	2
2014	3	3	3	1	1	1
合计	14	14	14	3	2	9

数据来源：W 市人民检察院公诉科。

① 在 W 市人民法院 2013 年审结的刑事案件中，上诉案件共 26 件，其中被上级法院改判 4 件；2014 年上诉案件共 31 件，其中改判 3 件。故对比以上情况可知，仍存在本应抗诉但并未抗诉的情形。

三、“共议格局”的结构基础

(一)同样的规范结构

对公检法三机关关系加以明确规定的正式法律规范,现仅有我国《宪法》第135条和《刑事诉讼法》第7条,并且,这两个法律条文在内容和表述上基本一致。在《刑事诉讼法》中再次确立与《宪法》基本一致的法律条文。这种重复性的立法导致的问题是法律成为一种象征性符号并在适用中缺乏可操作性,进而成为主体行动的自主选择空间。作为调整因诉讼活动产生的法律关系的规范,刑事诉讼法律规则也应当具备法律规则的三个主要特点。[①] 反观《刑事诉讼法》中“分工负责,互相配合,互相制约”的原则性规定,既没有明确内涵和外延(是什么的问题),也没有说明如何分工、如何配合和制约(怎么做的问题),更没有相应的“程序性制裁机制”(做不好的法律后果问题)[②],故难以避免适用中的混沌和模糊。为改变我国公检法实践中长期以来“以侦查为中心”的“流水作业”模式,《中共中央关于全面推进依法治国若干重大问题的决定》提出了“推进以审判为中心的诉讼制度改革”,此种提法被认为是对上述公检法关系规范的进一步完善和补充。[③] 对此,仍然需要从立法层面,由立法机关通过立法程序,形成规范性法律文件,并在内容上对具体的行为模式和法律后果加以细化和明确,只有如此才能从根本上改变当前同样的规范结构。

同样的规范结构还体现在,虽然现行《刑事诉讼法》对“案件事实清楚,证据确实充分”这一刑事诉讼证明标准作出了细化[④],然而其仍是目前公检法三机关侦查终结、审查起诉和有罪判决的共同标准。同样的规范结构使得公安机关的侦查活动和案卷成为刑事诉讼的中心和重点,检察机关的审查起诉异化为对侦查卷宗的书面阅读、总结及对犯罪嫌疑人形式化的讯问后,增加并报

① 法律规则具有三大特点:微观的指导性、可操作性较强、确定性程度较高(参见张文显:《法理学》,高等教育出版社、北京大学出版社2007年版,第117页)。

② 参见陈瑞华:《程序性制裁理论》中的有关分析,中国法制出版社2010年版。

③ 陈光中、步洋洋:《审判中心与相关诉讼制度改革初探》,《政法论坛》2015年第3期。

④ 根据我国现行《刑事诉讼法》第53条第2款之规定,证据确实充分应当符合以下条件:(1)定罪量刑的事实都有证据证明;(2)据以定案的证据均经法定程序查证属实;(3)综合全案证据,对所认定事实已排除合理怀疑。

送案卷材料的中间环节，进而法院的庭审过程仪式化，审判也沦为确认所有案卷材料的最后一道工序，最终导致了我国“侦查中心主义”与“案卷中心主义”①的刑事审判模式。

（二）以“成绩为中心”的刑事司法考评结构

长期存在于公检法三机关中以“成绩为中心”的考评结构，是指通过一套数字化的运算方式得出的成绩来衡量各组织及个人工作质量以及能力的管理制度。若用“制度分析”的方法，可以将其特点归纳为“形式的规范化、内容和项目的多样性和丰富性、考核对象确定为具体的办案或办事的工作人员、考核方法的量化、组织和程序体系较为严密以及激励机制体现了物质奖励和精神奖励相结合的特点”②。自该制度普遍实施后，对其本身的制度研究成果可谓汗牛充栋，但受公检法组织内部信息公开不足的限制，基于经验的实证研究略显不足，对三个组织考核制度间的关联结构与整体联系的研究更是寥寥。由于绩效考核排名制度长期受到来自实务界与理论界的诟病，2014 年最高人民法院决定取消全国各级法院的考核排名，将大多数原有的“约束性指标”改为法院内部审判工作的“参考性指标”，但实践的情况却是该决定并未松动和改变司法机关固有的“以成绩为中心”的考核结构。故本文认为，绩效考核的困境并不简单地在于对某个单独的组织内部“法律授予的自由裁量权进行控制和监督”③，也不能简单地考虑投入和产出间的因果关系，而是需要从“组织场域”④的视角出发，在整体层面上对三个组织构成的考评结构加以理解。

表 6　　W 市检法机关刑事司法考评结构

内　容	检 察 院	法 院
受理审查起诉数、结案数	正相关	正相关

① 陈瑞华:《案卷笔录中心主义——对中国刑事审判方式的重新考察》,《法学研究》2006 年第 4 期。

② 沐润:《法院绩效考核机制的评析及其完善》,《云南大学学报(法学版)》2012 年第 3 期。

③ [美]弗朗西斯·福山:《国家构建:21 世纪的国家治理与世界秩序》,黄强、许铭原译,中国社会科学出版社 2007 年版,第 44 页。

④ 在“新制度主义”理论中,“组织场域”是指由组织建构的、在总体上获得认可的一种制度生活领域。把组织场域作为一个分析单元的有点是,可以关注到相关行动者的整体性,组织间的联通性和结构等同性(参见[美]沃尔特·W·鲍威尔、[美]保罗·J·迪马吉奥主编:《组织分析的新制度主义》,姚伟译,上海人民出版社 2008 年版,第 70 页)。

续表

内　容	检察院	法院
提出刑事抗诉率	正相关	负相关
采纳刑事抗诉意见率	正相关	无
纠正刑事审判中违法情形	正相关	无
撤诉率	无	无
发回重审,再审改判,二审全部改判	无	负相关
无罪判决率	负相关	无

资料来源:W市法院政治处、W市检察院公诉科。

用数字表达的考评成绩并不仅是对本阶段及上一阶段工作质量的评价,也是对公检法间组织关系的一种建构和调整。从表6中可以看出,法院和检察院在刑事司法考评结构中并非相互无涉,在诸如无罪判决、刑事抗诉及抗诉改判等重要的实体性事项上,二者之间是负相关关系,正相关关系的内容仅有一项。

在"抗诉"指标中,根据《Y省检察机关2015年度检察业务考评办法》的规定,抗诉业务的得分共25分,占公诉业务总评分80分的31.25%。其计算标准是:提出抗诉率=提出抗诉案件数÷同期法院案件判决数×100%,抗诉率为0的,直接计0分;达到0.6%抗诉率的,计20分的基准分;超出或者低于0.6%的,再根据所在省检察系统的差额评价分在基础分的基础上进行增减。而根据《W市人民法院2015年度工作绩效管理考核办法》的规定,案件质量的得分共10分,占审判和行政业务100分的10%,对于发回重审、再审改判、二审改判的案件,每一件扣2分。笔者对W市检察院2010～2014年抗诉案件结果的统计情况表明,该市检察院历年的提抗案件均获得W州检察院的支持并被W州中级人民法院改判。在这种负相关的结构下,考虑到抗诉对法院考评结果的影响,检察机关较为合理的行动策略便是通过对数据的控制,平衡法检之间的绩效关系。具体表现在用下达"工作任务"的方式,根据上一年度法院的判决数,制定本年度大致应当提起抗诉的"任务数"(自2010年以来每年的抗诉任务都是3件)。任务目标是既要达到0.6%的抗诉率,获得基本分,体现检察机关的监督工作尽职尽责,同时又不能因为抗诉数量过多影响法院的绩效考评,通过平衡数据,实现对组织关系的平衡。从另一个角度分析,检察院在扮演自己的监督者角色时，不仅需要考虑到自身“剧本”的规定，而且还需考虑到其他与其有相似职业行为背景的“演员”对其的期待和要求。这种来自其他演员的同质化要求，制约和规定着其在互动中的配合和协调。[①] 此种行动方式看似合理，然却有违刑事司法规律。抗诉作为一种对审判活动监督的手段，抗诉的多少本应该仅与法院审判活动质量的高低有关。审判活动质量高，抗诉率便低；相反，审判活动质量低，则抗诉率便高。考评结构下的抗诉以“任务量”而非“审判质量”为行动的指挥棒，不仅有碍抗诉制度监督作用的发挥，也瓦解了三机关间相互监督的组织架构。

图 1　成绩导向下的逆推选择过程

同理在“无罪判决”考评结构的约束下，对于案件，尤其是疑难案件的法律推理，法官并不是采用一种直接涵摄的顺推思维，而是采用如图 1 中所示的逆向选择思维。首先对案件的量刑结果与社会后果作出判断，其次采用一种成绩导向的思维方式，对该判决导致的本部门绩效考核的结果作出预测，并对其他部门可能的行动加以考虑和衡量，最后再选择相应的法律程序和理由。在此过程中，法律程序和规范成为实现成绩结果的正当性依据和方法，为实现共同的绩效目标，公检法在互动中寻求一致，凝聚成利益共同体，反复地沟通协调增加了三机关间互动的频率和次数，加剧了原有人缘化空间结构下组织间的关系密度，进而相互间应有的制约型组织结构被共议型组织结构所取代。

（三）对应化与人缘化的组织空间结构

司法活动需要在一定的空间中进行，组织空间既是刑事诉讼运行的物理性场所，也是组织间互动关系得以生产实现的具体场景。[②] 刑事诉讼发生在公检法三个组织的空间内，组织成员和诉讼活动的参与者都深嵌于该空间内并受到该空间架构的影响。在刑事诉讼的组织场域中，空间具有对应化与人缘化的特点。具体而言，对应化表现在现有组织架构下的刑事诉讼活动，分别由基层法院和检察院的刑事审判庭和公诉科专职负责，互动空间一一对应，并且

① 方乐：《司法行为及其选择的文化注释》，《法律科学（西北政法学院学报）》2007 年第 5 期。

② 何雪松：《社会理论的空间转向》，《社会》2006 年第 2 期。

检察院公诉科的检察官同时身负公诉与刑事诉讼监督的双重职责。由于这些组织中人员流动性相对较小,组织互动均在相同的法官和检察官之间进行。在长期的司法工作中,法官和检察官之间相互熟悉,难以保持应然层面下的独立隔绝状态。空间内发生的不再仅有司法活动,而且还产生了人与人之间的交往互动,逐步建立起了除司法性关系之外的人情关系,进而形成了组织空间的人缘化特点。对身处该空间的法官和检察官而言,此时的司法工作不仅需要遵守刑事诉讼法律规则,还需考虑到基于人情关系的社会交往规则。常规情况下,公检法在刑事诉讼各阶段内分工负责,并不会导致行动规则的冲突,而在需要进行相互监督和制约时,却难免陷入关系的紧张状态。在双重规则发生对抗的情境下,司法活动需要讲求策略和方法①,更为理性的方法便是遵从合作主义逻辑,通过协商,既体现了在决策过程中考虑到对方感受的"人情规则",同时兼顾了如何适用"法律规则"的目的,从而达致共赢和利益最大化。因此,在对应化和人缘化的组织空间内,通过对彼此要求的回应,通过协商化解可能因监督而导致的关系破裂成为相互间可接受的非正式行动,最终形成了公检法三机关间常规的共议格局。

四、重新认识"共议格局"

公检法刑事司法实际上是在一个由文化传统、社会关系和法律制度多重因素交织下的组织场域中进行日常运作的,身处其中的法院,其行动并不只是单纯的司法行为,更是司法机关为了适应外部环境、竞争场域利益、平衡组织关系的自我选择和调适策略。"共议格局"的本质是法院外部组织场域的结构化。在时空维度中,基层公检法三机关间的"共议"已经制度化为了司法场域中的一种惯习与非正式行动。这种惯习和非正式行动的生成与发展是历时性的中国刑事司法传统与共时性的组织空间与制度结构共同作用下的产物。此外,在组织间的共议过程中,法院组织结构内部上下层级间的监督关系也会发生一些细微地转变,随着不同的权力层级主体对案件的处理方案逐步达成共识,形成同化,法院内部及上下级法院之间的权力结构也会随之弱化,即在其组织结构内部也可能形成这种共议格局。共议格局的积极意义在于,其有利

① 翟志勇:《关系与谋略:中国人的日常计谋》,《社会》2011年第1期。

于整合我国现阶段稀缺的基层司法资源，节约刑事司法成本，有效调动公检法三机关的组织活动并提高诉讼效率。其消极作用则是以权力间的合作替代了监督，消解了刑事诉讼程序应有的强制效力并侵害了被告人及被害人的诉讼权利，尤其是程序性诉讼权利。“共议格局”并不稳定，其只是在与法律文本表达中的互相监督和互相制约相比，公检法关系在实践中呈现出的常规状态。首先，并非所有案件都能形成合作共识；其次，共议格局形成的理论前提之一是组织之间存在达致双赢的可能；再次，共议格局可能因制度变迁发生相应的改变；最后，在共议格局下，各组织中的人仍然保持着较大的主观能动性。

在本文的语境中，“共议格局”虽是我国基层法院在面对各种“规训”时采取的一种运作策略和行动方式，但若保有一种“整体观”来看待这种“共议格局”，其对于司法组织的独立运行和能动选择而言，“共议”实则也是一种“规训”。其存在看似是对监督和制约结构的弱化和替代，却也压缩了司法组织自身行动的范围和空间，成为在某些案件上法官必须选择的应对方案和必须照做的工作流程。对“共议格局”这一“此规训”而非“彼规训”的选择背后，当面对各种正式与非正式的多元“规训”时，法院能否选择、如何选择以及在选择中最大化些什么，这些问题均关涉到如何对法院自身组织结构的本质和功能进行定位和规划。“共议格局”体现了我国的基层法院不仅受到内部权力型组织结构的影响，还受到来自外部组织场域中多重因素的制约。而当内外多种结构相互遭遇时，法院当下的权力型组织结构难以支持、保障和实现司法的独立性，继而同时凸显了我国司法组织结构法治化转型的必要性、难度和复杂性。故在对诸如此类我国司法实践中存在的组织现象进行深描和阐释时，还应当理性客观地认识到当我们在中国语境下思考司法改革，其应当是一个“全方位，多主体”的整体性规划和设计。这不仅需要关注司法组织自身的问题，还需从组织互动的角度考虑如何改善和构建一个能够充分保障司法权独立运行的外部环境。

（原载于《山东大学学报（哲学社会科学版）》2017 年第 3 期）

论认罪认罚从宽制度的立法完善

——以实证研究为视角

刘广三　李艳霞

认罪认罚从宽制度是我国宽严相济刑事政策的制度化。党的十八届四中全会明确提出要“完善刑事诉讼中认罪认罚从宽制度”。2016 年 9 月，第十二届全国人民代表大会常务委员会通过了《关于授权最高人民法院、最高人民检察院在部分地区开展刑事案件认罪认罚从宽制度试点工作的决定》。同年 11 月 16 日，《关于在部分地区开展刑事案件认罪认罚从宽制度试点工作的办法》(以下简称《试点办法》)的颁布，标志着刑事诉讼中认罪认罚从宽制度正式、全面适用。有效适用认罪认罚从宽制度，明确“认罪”“认罚”“从宽”的含义、从宽的幅度以及具体适用程序至关重要。当前，认罪认罚从宽制度的立法缺乏专业性、明确性、可操作性的具体规定。但是，在正式试点工作实施以前，多地司法实务部门已开展了一些相关探索。为了解司法实践中法律职业人和被告人对于这一制度的认识状况，以推进立法完善，2016 年 1～9 月，北京师范大学刑事法律科学研究院与北京、郑州、成都、福州等地部分法院、检察院和律师事务所合作开展了实证调研。[①] 问卷横跨东中西部地区，纵跨南北方，基本反映了我国法律职业人和被告人对这一制度的基本认识。

---

① 2015 年底至 2016 年 2 月，北京师范大学刑事法律科学研究院“刑事诉讼中认罪认罚从宽制度司法实证研究”项目组成员在北京市朝阳区人民法院和北京市人民检察院第一分院和北京市昌平区人民检察院有针对性地开展了预调研。在此基础上，项目组于 2016 年 3～9 月对北京、福州、烟台、芜湖、安阳、郑州、成都等地进行问卷调查，共向法官和检察官发放“刑事诉讼中认罪认罚从宽司法实证研究”课题问卷(法律职业人卷)1000 份，回收 576 份。在北京、郑州、烟台、成都发放《“刑事诉讼中认罪认罚从宽司法实证研究”课题问卷(被告人卷)》200 份，回收 167 份。另鉴于律师在刑事诉讼中必不可少的诉讼地位和在认罪认罚从宽制度中所起的重要作用以及法律职业人调查问卷的全面性，项目组于 2016 年 4～8 月对北京、烟台、深圳等地的律师进行了问卷调查，共向律师发放“刑事诉讼中认罪认罚从宽司法实证研究”课题问卷(法律职业人卷)500 份，回收 370 份。

一、认罪认罚从宽制度的认识现状剖析

(一)关于“认罪”“认罚”“从宽”的含义

笔者调研发现，司法实践中，法官、检察官、律师等法律职业人与被告人对“认罪”“认罚”“从宽”含义的理解不同。

首先，关于“认罪”的含义。在164份有效被告人问卷中，53.66%的被告人认为“认罪的含义是指认可起诉事实及罪名”，26.22%的认为指“认可起诉事实”，12.80%的认为是“认可罪名”，7.32%的认为指“认可起诉事实或罪名”。在940份有效法律职业人问卷中，46.72%的法律职业人认为“认罪的含义是指认可起诉事实及罪名”，30.08%的认为是“认可起诉事实”，9.53%的认为是“认可罪名”，13.67%的认为指“认可起诉事实或罪名”。可见，被告人和法律职业人对“认罪”含义的理解有差异。而且，从表1获知，不同类别的法律职业人对其理解差别较大，即职务这一影响因子与认罪含义的理解相关度较高。

表1　被调查人职务与其对认罪含义的理解关系示意表

		你认为“认罪”的含义是				总计
		认可起诉事实	认可罪名	认可起诉事实及罪名	认可起诉事实或罪名	
职务	法官	97(49.2%)	4(2%)	69(35%)	27(13.7%)	197
	法官助理	22(21.4%)	7(6.8%)	58(56%)	16(15.5%)	103
	检察官	55(41%)	7(5.2%)	60(44.8%)	12(8.9%)	134
	检察官助理	48(35%)	6(4.4%)	67(48.9%)	16(11.7%)	137
	律师	61(16.5%)	64(17%)	186(50.5%)	58(15.7%)	369
总计		283	88	440	129	940

其次，关于“认罚”的含义。在162份有效被告人问卷中，有92人、占比为56.79%的被告人认为“认罚的含义是指愿意接受刑事处罚”，有68人、占比为41.98%的被告人认为指“认可公诉机关的量刑建议”，而只有2人、占比为

1.23%的认为指“不仅愿意接受刑事处罚,而且认可公诉机关的量刑建议”。被告人的学历、年龄、性别、地区等影响因子对这一结论影响不大。在936份有效法律职业人问卷中,56.94%的认为“认罚的含义是指愿意接受刑事处罚即可”,42.52%的认为是指“认可公诉机关的量刑建议”,0.53%的认为指“不仅愿意接受刑事处罚,而且认可公诉机关的量刑建议”。法律职业人中持各种认识的比例与被告人比例类似。但是,调研发现,在197名被调研法官中,认为“认罚的含义是指愿意接受刑事处罚即可”的有142人,占比为72.1%;认为指“认可公诉机关的量刑建议”的有54人,占比为27.4%;认为指“不仅愿意接受刑事处罚,而且认可公诉机关的量刑建议”仅有1人。可见,法官群体持“认罚的含义是指愿意接受刑事处罚即可”这一观点的比例较大,远大于被告人对认罚含义的认识比例;而法官助理、检察官、检察官助理与律师职业人群体持每种观点的比例与被告人近似(详见表2)。所以,职务这一影响因子与认罚含义的理解相关度较高。笔者认为,法官这样理解“认罚”含义原因有二:其一,法院更加重视“审判权由法院行使”,认为被告人表示接受法院的刑事处罚即构成“认罚”,由此更加突出法院地位。其二,法官具有长时间的司法经验,对“认罚”有着较宽泛的把握,认可量刑建议是建立在愿意接受刑事处罚的基础之上。只要被告人愿意接受刑事处罚,即表明被告人对刑罚有了基本的态度,不以其认可检察机关的量刑建议为标准。

表2　　被调查人职务与其对认罚含义的理解关系示意表

		你认为“认罚”的含义是			总计
		愿意接受刑事处罚即可	认可公诉机关的量刑建议	不仅愿意接受刑事处罚,而且认可公诉机关的量刑建议	
职务	法官	142(72.1%)	54	1	197
	法官助理	50(49.1%)	52	0	102
	检察官	82(61.2%)	51	1	134
	检察官助理	69(50.7%)	66	1	136
	律师	190(51.8%)	175	2	367
	总计	533(56.9%)	398	5	936

最后,关于“从宽”的含义。在163份有效被告人问卷中,有64人、占比为

39.26%的被告人认为“从宽的含义是指从轻处罚”，有27人、占比为16.56%的被告人认为指“减轻处罚”，有8人、占比为4.91%的被告人认为指“免除处罚”，有64人、占比为39.26%的被告人认为指“以上均属于”。年龄、性别等影响因子对这一结论影响不大，但学历、地区等影响因子与从宽含义的理解相关度较高，不同学历、地区的被告人对从宽含义的理解差别较大。在939份有效法律职业人问卷中，29.37%的法律职业人认为“从宽的含义是指从轻处罚”，7.32%的认为指“减轻处罚”，1.91%的认为是指“免除处罚”，61.40%的认为是指“以上均属于”。可见，职务这一影响因子对本题影响不大。与被告人比较而言，法律职业人对“从宽”的理解更为宽松，法律职业人中持“以上均属于”这种观点的多达61.40%，而被告人中仅为39.26%。可见，法律职业人更全面地理解了认罪认罚从宽制度设立的初衷，即以被告人的认罪认罚态度换取从宽处理，从而节约司法资源，提高诉讼效率。

(二)关于“从宽”的幅度

鉴于认罪认罚制度适用于刑事速裁、简易、普通程序等所有诉讼程序，所以，笔者分类作了调研。

首先，关于“适用速裁程序预期的从宽幅度”这一问题，25.75%的被告人认为“预期的5%～10%”，16.77%的被告人认为“预期的10%～15%”，13.17%的被告人认为“预期的15%～20%”，44.31%的被告人则认为“预期的20%以上”。性别、年龄、学历、地区对于这一结果影响不大。在关于这一问题的941份有效的法律职业人问卷中，23.07%的法律职业人认为“速裁程序案件中被告人从宽处罚的最高幅度应为基准刑的5%～10%”；30.48%的认为“应为基准刑的10%～15%”；25.71%的认为“应为基准刑的15%～20%”；20.74%的认为“应为基准刑的20%以上”。

其次，关于“适用简易程序预期的从宽幅度”这一问题，22.16%的被告人认为“预期的5%～10%”，20.96%的被告人认为“预期的10%～15%”，20.36%的被告人认为“预期的15%～20%”，36.53%的被告人则认为“预期的20%以上”。年龄、性别、学历对于这一结果影响不大，但不同地区理解稍有不同。在关于本题的939份有效法律职业人问卷中，持“基准刑的5%～10%”“基准刑的10%～15%”“基准刑的15%～20%”“基准刑的20%以上”观点的法律职业人占比分别为30.97%、31.07%、25.77%、12.09%。

最后,关于"适用普通程序预期的从宽幅度",28.74%的被告人认为"预期的5%~10%",24.55%的被告人认为"预期的10%~15%",10.18%的被告人认为"预期的15%~20%",36.53%的被告人则认为"预期的20%以上"。年龄、学历、性别、地区等影响因子对这一结果影响不大。在关于本题的939份有效法律职业人问卷中,持"基准刑的5%~10%""基准刑的10%~15%""基准刑的15%~20%""基准刑的20%以上"观点的法律职业人占比分别为41.57%、26.83%、23.65%、7.95%。

可见,办理认罪认罚案件的法律职业人与适用这一制度的被告人对于"从宽"幅度的理解有很大差异。另从表3获知,即使同是法律职业人,不同群体理解差距较大。可见,厘清"从宽"的具体幅度对于统一司法适用极为关键。

表3　职务对普通程序从宽处罚最高幅度认识的影响示意表

		对同一案件,您认为普通程序案件中被告人从宽处罚的最高幅度为				总计
		基准刑的5%~10%	基准刑的10%~15%	基准刑的15~20%	基准刑的20%以上	
职务	法官	97(49.74%)	57(29.23%)	24(12.31%)	17(8.72%)	195
	法官助理	33(31.73%)	45(43.27%)	20(19.23%)	6(5.77%)	104
	检察官	77(57.46%)	32(23.88%)	19(14.18%)	6(4.48%)	134
	检察官助理	60(43.8%)	42(30.66%)	27(19.71%)	8(5.84%)	137
	律师	124(33.6%)	75(20.33%)	132(35.77%)	38(10.3%)	369
总计		391	251	222	75	939

(三)关于办理适用认罪认罚从宽案件的程序事项

《试点办法》2016年11月正式适用,但其中却缺乏关于办理适用认罪认罚从宽案件的具体程序性规定。为了解司法实践中办理此类案件的程序重点,笔者分类进行了调研。

首先,从表4可知,关于"办理速裁程序关注的重点"这一问题的943份有效问卷中,78.7%的法律职业人认为是"认罪认罚的自愿性与否"。关于"办理速裁程序的难点或障碍"的942份有效问卷中,70.6%的法律职业人认为是"被告人认罪认罚的自愿性难以保障",40%的法律职业人认为"公诉机关的量刑建议不当",60.2%的法律职业人认为是"司法责任、错案追究方面的压力"。

其次，关于“办理简易程序关注的重点”的941份有效问卷中，68.8%的法律职业人认为是“认罪认罚的自愿性与否”，50.9%的法律职业人认为是“量刑证据及量刑建议情况”，71.6%的法律职业人认为是“犯罪事实及证据情况”。

最后，关于“办理普通程序关注的重点”的942份有效问卷中，50.3%的法律职业人认为是“认罪认罚的自愿性与否”，47.7%的法律职业人认为是“量刑证据及量刑建议情况”，79.8%的法律职业人认为是“犯罪事实及证据情况”。

表4　　办理速裁程序关注重点示意表

		有效问卷		案件百分比
		数量	百分比	
办理速裁程序案件所关注的重点	认罪认罚的自愿性与否	704	40.7%	78.7%
	量刑证据及量刑建议情况	404	23.3%	45.1%
	犯罪事实及证据情况	623	36.0%	69.6%
总计		1731	100.0%	193.4%

从以上调研数据可以看出，保证认罪认罚的自愿性至关重要，尤其在偏重诉讼效率的刑事速裁程序中。简化诉讼程序、实现诉讼效率是以权利的让渡为前提的，所以保护权利行使的自愿性在认罪认罚从宽制度适用中居于举足轻重的地位，调研结果也反映了这一结论。

二、上述认识折射出的立法缺陷

上述问卷体现出司法实践中法官、检察官等不同类别的法律职业人、被告人对认罪认罚从宽制度的理解存在诸多差异，折射出这一制度立法的不足，具体表现在以下方面：

（一）“认罪”“认罚”“从宽”的内涵不明确

2003年颁布的《关于适用普通程序审理“被告人认罪案件”的若干意见（试行）》（以下简称《若干意见》）第1条将“认罪”的含义阐述为“对被指控的基本犯罪事实无异议”，这是法律法规首次谈及“认罪”的含义。此后十多年间，没有一部法律法规、司法解释对“认罪”“认罚”“从宽”的内涵明确予以界定，《试点办法》亦没有规定。长期以来，我国实行“宽严相济”的刑事政策，但一直未将其制度化和法律化，对于何为认罪、何为认罚、认罪认罚包括哪些情形、对认罪认罚如何从宽等均未作出具体而明确的规定。

法律职业人及被告人等不同群体对这一概念的理解各异，导致司法实践中认罪认罚从宽制度在各地的适用情况存在较大差异，这在笔者调研过程中时有发现，尤其从地区这一影响因子对被告人卷中诸多问题产生较大影响中可见一斑。即使同为法律职业人，法官、法官助理、检察官、检察官助理、律师对这一概念的理解亦存在较大差异，这从职务这一影响因子与认罪、认罚含义的理解的密切联系中管窥一斑。被告人由于利益驱动或法律知识的缺乏，对“认罪”“认罚”有不同理解情有可原，但法律职业人对“认罪”“认罚”理解的差异容易导致司法适用不同。因为认罪是认罚、从宽的前提，认罪之后，检察官才能提出有利于被告人的量刑建议，法官才能从宽处罚。总之，“认罪”“认罚”“从宽”的内涵不明导致司法混乱，进而致使司法公信力丧失，所以，明确其内涵十分重要。

(二)从宽的效力和幅度缺乏规定

认罪认罚从宽制度的核心是“从宽”。“认罪”“认罚”是前提，“从宽”是结果，从宽效力和幅度的确定是推动司法工作人员和犯罪嫌疑人、被告人积极适用这一制度的有效砝码。但笔者调研发现，我国现行相关法律法规和司法解释规定的缺失导致不同地区、不同法律职业人对从宽幅度的把握差别极大，容易造成滥用从宽裁量权的危险。具体而言，该缺陷包括以下几个方面：

首先，欠缺从宽效力的规定。我国法律给予认罪被告人一定的量刑优惠，如《刑法》第67条第3款的规定。[①] 酌情从宽处罚是现阶段我国刑事案件中嫌疑人、被告人主动认罪的减轻情节之一，但并非法定的从轻情节，而由法官酌情判断。酌情从宽具有较大的裁量空间，容易导致法官滥用职权，又致使犯罪嫌疑人、被告人难以有效预知从宽的效力，这不利于犯罪嫌疑人、被告人“认罪”“认罚”的权衡选择，从而阻碍了认罪认罚从宽制度的推行。

其次，欠缺从宽幅度与认罪认罚的阶段性规定。嫌疑人、被告人认罪在不同诉讼阶段体现出的主观意愿和客观价值有很大区别。侦查期间认罪能较大减少侦查资源的浪费，提高诉讼效率，而审查起诉、审判期间认罪，对诉讼资源

① 我国《刑法》第67条第3款规定：“犯罪嫌疑人虽不具有前两款规定的自首情节，但是如实供述自己罪行的，可以从轻处罚；因其如实供述自己罪行，避免特别严重后果发生的，可以减轻处罚。”

的节约有限[①]，所以，对嫌疑人、被告人不同阶段认罪认罚的从宽幅度应明确区分，但我国当前的法律法规并没有区分。2016年，最高人民法院发布的《关于人民法院量刑指导意见》仅规定被告人当庭认罪[②]这一种情形。从宽幅度未能考虑认罪认罚的阶段性不利于对认罪认罚从宽制度的科学、有效、规范适用。

再次，欠缺从宽幅度与认罪认罚的程序性规定。我国当前的法律法规并没有规定“从宽”的程序性含义和不同程序中“从宽”的幅度，实践中被告人从宽处罚的自由裁量权完全交予法官，但法官法律素养的差别以及对该问题理解的各异导致不同地区量刑差异较大。即使是同一地区，不同职业群体，对“从宽”幅度的理解亦存在较大差异，这在笔者“关于刑事速裁、简易、普通程序中从宽幅度的适用”的调研过程中可见一斑。这容易导致裁量权的滥用。另外，检察机关的量刑建议与法官的最终量刑很难达成默契，造成量刑建议难以落实，导致检察机关的诚信危机。明确界定普通、简易、速裁程序中“从宽”的幅度，使“从宽”规范、统一、有序迫在眉睫。

（三）认罪认罚从宽制度的程序设置缺失

调研发现，认罪认罚从宽制度在实践中适用各异，法律职业人办理速裁、简易、普通程序关注的重点、难点不同，地区差异较大。即使同一地区，不同案件的适用程序也存在一定差异，这源于我国当前相关立法的缺失，立法不足不利于当事人，尤其是犯罪嫌疑人、被告人、被害人诉讼权利的保障，更有碍认罪认罚从宽制度的有效适用。这突出表现在以下几个方面：

首先，犯罪嫌疑人、被告人的程序选择权之欠缺。《若干意见》把程序适用的决定权赋予人民法院。简易程序适用的决定权亦在法院，检察机关对于程序适用有建议权。在当事人和解的公诉程序中，嫌疑人、被告人和被害人有权选择适用和解程序。《关于授权最高人民法院、最高人民检察院在部分地区开展刑事案件速裁程序试点工作的决定》将速裁程序适用的决定权赋予法院，检察机关对于程序适用有建议权，公安机关侦查终结移送审查起诉时，可以建议检察院按速裁案件办理。嫌疑人、被告人的同意虽是速裁程序适用的必要条

① 李豪：《刑诉认罪认罚从宽制度研究》，《法制博览》2016年第10期。

② 《人民法院量刑指导意见》第三部分“常见量刑情节的适用”第7条规定：对于当庭自愿认罪的，根据犯罪的性质、罪行的轻重、认罪程度以及悔罪表现等情况，可以减少基准刑的10%以下，依法认定自首、坦白的除外。

件,但他们无主动要求适用速裁程序的权利(仅在侦查终结阶段,辩护人认为案件符合速裁程序适用条件的,经嫌疑人同意,可以建议检察院按速裁案件办理)。总之,我国现行法律法规设计的相关认罪认罚从宽制度的启动主动权在法院、检察院,被告人只能被动应对公诉机关的建议和审判机关的决定。这一缺失是对嫌疑人、被告人程序选择权的漠视,不利于其权利的保障。

其次,认罪认罚自愿性缺乏明确的制度保障。调研显示,司法实践中已经关注到保护认罪认罚自愿性的重要性,而且,从《若干意见》第7条①、最高人民法院关于适用我国刑事诉讼法的解释第227条②、《关于在部分地区开展刑事案件速裁程序试点工作的办法》第11条③可以看出,我国法律法规已经注意到审查嫌疑人、被告人的"认罪""认罚"自愿性这一关键,但仍缺乏有效的制度保障。笔者调研发现,仍有多达36人、占比为22.22%的被告人为了获得量刑方面的从宽处理"会违心认罪",这导致认罪认罚从宽案件存在着较大的错案风险。可见,保障认罪认罚自愿性在这一制度的适用中居于举足轻重的地位。

再次,适用认罪认罚从宽制度的举证方式之阙如。《若干意见》明确规定,对于被告人自愿认罪并同意适用本意见进行审理的,可以简化举证程序。《关于在部分地区开展刑事案件速裁程序试点工作的办法》以及前文提到的《试点办法》没有规定庭审举证方式。法律法规的缺失导致司法实践适用的多样,在关于"认罪认罚前提下证据的出示情况"这一问题调研中,39.52%的被告人认为"有必要,正常宣读、出示证据",32.93%的被告人认为"有必要,但可以从简",26.95%的被告人认为"没有必要宣读、出示证据",这导致实践中出现两个极端:其一,固守刑事诉讼法规定的证据种类及顺序,出示证据不顾案情的具体情况和庭审状况,导致诉讼资源的浪费。其二,举证过于简单。这两种情况都不利于被告人权利的保护,亦有损司法权威。

---

① 《关于适用普通程序审理"被告人认罪案件"的若干意见(试行)》第7条规定:"对适用本意见开庭审理的案件,合议庭应当在公诉人宣读起诉书后,询问被告人对被指控的犯罪事实及罪名的意见,核实其是否自愿认罪和同意适用本意见进行审理,是否知悉认罪可能导致的法律后果。"

② 《最高人民法院关于适用〈中华人民共和国刑事诉讼法〉的解释》第227条规定:"对被告人认罪的案件,在确认被告人了解起诉书指控的犯罪事实和罪名,自愿认罪且知悉认罪的法律后果后,法庭调查可以主要围绕量刑和其他有争议的问题进行。对被告人不认罪或者辩护人作无罪辩护的案件,法庭调查应当在查明定罪事实的基础上,查明有关量刑事实。"

③ 《关于在部分地区开展刑事案件速裁程序试点工作的办法》第11条规定:"人民法院适用速裁程序审理案件,应当当庭询问被告人对被指控的犯罪事实、量刑建议及适用速裁程序的意见,听取公诉人、辩护人、被害人及其诉讼代理人的意见。"

三、认罪认罚从宽制度的立法完善

应当首先确立适用认罪认罚从宽制度的价值导向，即在保证公正基础上追求效率。该制度体现了合作型司法的基本特征，被追诉方自愿认罪，程序对抗性降低，诉讼效率提升。其倡导者的初衷亦是借此提高诉讼效率和优化司法资源配置，但认罪认罚从宽制度并未违背司法公正的原则。在确立价值导向的前提下应进一步具体勾画该制度的实体和程序事项，明确该制度的具体内涵、从宽效力与幅度、办理程序等。

（一）明晰“认罪”“认罚”“从宽”的内涵

明确“认罪”是对犯罪事实的承认，被追诉者对犯罪的基础事实表示承认即属于承认犯罪事实，无须对起诉书记载的事实全盘认可。笔者调研发现，30.08%的法律职业者认为“认罪的含义是指认可起诉事实”，陈光中先生亦认为“被追诉人的认罪应当是被追诉人自愿承认被指控的行为构成犯罪，但不包括被追诉人对自己行为性质（罪名、犯罪形态等）的认识”[①]。被追诉人自愿承认犯罪事实即属“认罪”，被追诉人对行为性质的误判不影响认罪。嫌疑人、被告人如实供述了自己的犯罪事实，体现了愿意与司法机关合作的态度，减少了司法运作成本。罪名确定应由检察院和法院认定，嫌疑人、被告人仅是刑事诉讼中被追诉的对象，其难以确定自己触犯的罪名。不能苛求“认罪”必须包括认可起诉的罪名，否则会打击嫌疑人、被告人认罪的积极性，亦不符合诉讼规律。但调研显示，仍有46.72%的法律职业人认为“认罪的含义是指认可起诉事实及罪名”，可见，完善“认罪”的认识任重道远。

明确“认罚”是嫌疑人、被告人在认罪的基础上自愿接受所认之罪在实体法上带来的刑罚后果，是被追诉人对于可能刑罚的概括意思表示，但是不仅限于对刑种、刑度和执行方式的认同。这一观点亦被笔者调研所证实，法律职业人和被告人对于“认罚”内涵的理解占比最多的是“认罚的含义是指愿意接受刑事处罚”。“认罚”判断标准应当为接受公安司法机关提出的抽象刑罚。由于主观认识随着诉讼程序的运行而深化，对是否不起诉和判处刑罚的预测具

① 陈光中、马康：《认罪认罚从宽制度若干重要问题探讨》，《法学》2016年第8期。

有相当的不确定性，最终的刑罚只有经过裁判者的最终处理才能确定。只要被追诉人同意可能的刑罚结果就应认为被追诉人已经“认罚”。[①] 应明确，嫌疑人的退赃退赔体现出悔罪性，应属于认罚的表现形式。《人民法院第四个五年改革纲要(2014～2018)》提出，要明确被告人自愿认罪、自愿接受处罚、积极退赃退赔案件的诉讼程序、处罚标准和处理方式，构建被告人认罪和不认罪案件的分流机制，优化配置司法资源。在此文件中，最高人民法院已将被告人“自愿认罪”“自愿接受处罚”和“积极退赃退赔”并列，作为被告人认罪认罚的可能形态。

应当明确，“认罪”“认罚”并非同步，两者是并列的关系，被告人认罪却不认罚，也应当从宽。基于刑事速裁程序适用于可能判处一年以下的轻罪案件，被告人“认罪”“认罚”容易同步，但该制度广泛适用于速裁、简易和普通程序等，适用于可能判处死刑在内的任何性质的刑事案件。在重罪案件中，难以保障“认罪”“认罚”的同步性，被告人“认罪”不“认罚”的情况较为常见。很多对指控罪名不持异议的被告人，对自己可能受到的刑事处罚非常关注，他们选择认罪的原因是为了追求最有利于自己的量刑裁决。[②] 在此种情况下，不能苛求“认罪”“认罚”同步，在被告人自愿认罪的情况下，即使被告人不认可检察机关的量刑建议，或对量刑的种类和幅度提出异议，法院也应当对其适用宽大的刑事处罚。

明确“从宽”具有实体法和程序法的双重效力。在2016年中央政法工作会议上，孟建柱指出，实行认罪认罚从宽制度，既包括实体上从宽处理，也包括程序上从简处理。[③] 一方面，“从宽”具有实体法的效力，即量刑的宽缓。从宽以刑法既有量刑条款为限度，应当包括尽可能宽的范围。根据刑法规定，自首、立功、坦白等情节存在着从轻、减轻、免除处罚等从宽处理方式，如刑法第67条第1款规定[④]，与现行刑罚接轨，“从宽”也应包括从轻、减轻或免除处罚。这一观点亦被笔者调研所证实，认为“从宽包括从轻、减轻和免除处罚”的法律职业人占比为61.40%，被告人占比为39.26%。应当明确，“从宽”不包括罪名

---

① 陈光中、马康:《认罪认罚从宽制度若干重要问题探讨》,《法学》2016年第8期。

② 陈瑞华:《“认罪认罚从宽”改革的理论反思——基于刑事速裁程序运行经验的考察》,《当代法学》2016年第4期。

③ 参见李阳:《攻坚之年看司改风向标》,2016年1月23日《人民法院报》。

④ 《刑法》第67条第1款规定:“犯罪以后自动投案,如实供述自己的罪行的,是自首。对于自首的犯罪分子,可以从轻或者减轻处罚。其中,犯罪较轻的,可以免除处罚。”

和罪数的交换，认罪认罚从宽制度与辩诉交易截然不同。[①] 另一方面，“从宽”具有程序法的效力，即程序从简，根据案件的不同情况，对认罪认罚的嫌疑人、被告人分别适用不同的诉讼程序。[②] 简易、速裁程序应当成为一个独立的从宽处罚情节。相对于普通程序而言，简易、速裁程序审理期限较短，被告人权利不确定状态大大缩短，有利于其权利的保护，亦有益于社会秩序的稳定。

在明晰了“认罪”“认罚”“从宽”各自内涵的前提下，认罪认罚从宽制度的整体含义亦需明确。认罪认罚从宽制度是建立在控诉机关指控被追诉人有罪前提下的制度延伸，以检察机关审查起诉阶段的协商建议为基础，以法院司法审核确认为最终归宿，被追诉人在自愿基础上认罪、认罚，选择特定程序处理案件，充分体现了实体从宽与程序从简。[③] 它兼有实体与程序的双重性质，既存在于刑法适用的定罪量刑过程中，也存在于刑事普通、简易、速裁等不同程序以及侦查、起诉、审判、执行等不同阶段，但其更多体现为一种程序性质，且实体部分适用的效果依赖于程序建构的完善。理解认罪认罚从宽制度的内涵时，应注意以下两点：其一，认罪认罚的时间段不应局限于某个诉讼阶段和诉讼程序中，在侦查、起诉、审判、执行等不同阶段，在普通、简易、速裁等不同程序中都会存在认罪认罚从宽的可能性。其二，厘清认罪认罚从宽制度的内在逻辑，即认罪认罚与从宽的关系。认罪认罚可能导致从宽处罚，但并非一律从宽，二者并不存在必然联系。为确保量刑的合理性、科学性，应当综合考虑案件的具体情况。[④]

（二）厘清从宽的效力和具体幅度

首先，明确从宽的效力，确立从宽激励机制，给予认罪被告人更为明确、优惠的量刑折扣。为充分体现从宽精神，增加“应当从轻、减轻、免除处罚”的具体适用情形，保证嫌疑人、被告人在作出认罪决定之时能够预知认罪给其带来的好处，实现“应当型”与“可以型”从宽的协调适用。笔者调研亦证明了确立从宽激励机制的重要性。针对“认罪认罚前提下，被告人选择程序的依据：程序公正抑或实际从宽”这一问题，认为“哪种程序从宽幅度大，就选择哪种程

---

① 关于认罪认罚从宽制度与辩诉交易制度不同的详细论证，参见樊崇义、徐歌旋的《认罪认罚从宽制度与辩诉交易制度的异同及其启示》(《中州学刊》2017 年第 3 期)。

② 陈卫东：《认罪认罚从宽制度试点中的几个问题》，《国家检察官学院学报》2017 年第 1 期。

③ 陈卫东：《认罪认罚从宽制度研究》，《中国法学》2016 年第 2 期。

④ 陈卫东：《认罪认罚从宽制度研究》，《中国法学》2016 年第 2 期。

序”的人员占比为51.55%,年龄、学历、地区、性别等影响因子对这一结论影响不大。可见,明确从宽激励对认罪认罚从宽制度适用的重要性。

其次,确立从宽幅度的阶段性差异。在侦查、起诉、审判等不同阶段,嫌疑人、被告人认罪认罚的价值有重大区别,认罪认罚越早,越有利于加快办案进度、节约司法资源。理应依据认罪认罚不同的时间节点,设定不同的从宽幅度,以鼓励尽早认罪认罚。在参照美国量刑指南的基础上,考虑到我国司法实践的状况,可以考虑适当提高认罪从宽的幅度,并明确规定在不同阶段认罪可以取得逐级递减的折扣幅度。如对于一些可能判处10年以上有期徒刑的案件,若嫌疑人在侦查阶段认罪认罚可以考虑突破最高50%的从宽幅度。

最后,确立从宽幅度的程序性差异。一方面,明确在普通、简易、速裁等不同程序中,从宽幅度应有所不同。普通、简易、速裁程序适用不同情节的案件,从宽幅度不应苛求统一,这亦在笔者调研中得到证实。笔者从被告人角度调研适用普通、简易、速裁程序从宽处罚的幅度是否应有所不同。有51.50%的被告人认为“应有所不同”,其中80.23%的被告人认为“程序越简单,从宽处罚幅度越大”。另一方面,明确不同程序中,“从宽”幅度应是基准刑的10%~15%。笔者调研发现,法律职业人、被告人关于不同程序中“从宽”处罚的最高幅度观点各异。在普通、简易、速裁等不同程序中,被告人多将“从宽”理解为“预期的20%以上”,占比分别为36.53%、36.53%、44.31%;法律职业人对“从宽”的理解多为基准刑的10%~15%,占比分别为41.57%、31.07%、30.48%。被告人基于功利主义的考虑,倾向于从有利于自己的角度理解“从宽”,对从宽的预期过大;法律职业人对“从宽”的理解更为客观、专业、谨慎,对“从宽”的把握较为严格,更加符合我国司法实践。

(三)规范认罪认罚从宽制度的程序设置

首先,赋予嫌疑人、被告人适用认罪认罚的程序选择权,规范启动程序。这一权利是嫌疑人、被告人选择认罪认罚的自然延伸。当事人和解的公诉程序允许嫌疑人、被告人和被害人依法就法定范围的案件进行协商并达成和解协议,享有选择适用和解程序的权利。[①] 在速裁、简易程序或认罪认罚程序的适用中,也应当赋予其选择权,以体现程序的正当性和统一性。应当明确,程

① 谭世贵:《实体法与程序法双重视角下的认罪认罚从宽制度研究》,《法学杂志》2016年第4期。

序选择权既包括嫌疑人、被告人有权主动申请适用认罪认罚程序，也包括其对司法机关主动适用该程序的被动同意。在其程序选择权后，需进一步规范该制度的启动程序。应将认罪认罚从宽制度适用的最终决定权赋予法院，将这一程序启动的主动权赋予检察院和嫌疑人、被告人，简化对嫌疑人、被告人的反复讯问，如此可加速诉讼进程，节约诉讼资源，亦会提高其诉讼参与度，提升对判决的接受和认可程度。

其次，明确公安司法机关办理认罪认罚案件的主要法定职责——保障“认罪”“认罚”的自愿性。这已被实证调研所证实。在关于“办理速裁、简易、普通程序关注的重点”的调研过程中，认为关注重点为“认罪认罚的自愿性与否”的法律职业人占比分别为 78.7%、68.8%、50.3%。可见，较之普通、简易程序，强调效率的刑事速裁程序更注重认罪认罚的自愿性。一方面，保障“认罪”“认罚”的自愿性是防范冤假错案，实现司法公正的必由之路；另一方面，被告人自愿认罪导致其放弃部分公正审判权，进而带来程序简化和效率提升。[①] 该制度倡导者的初衷亦是优化司法资源配置，实现公正基础上的效率。所以，嫌疑人、被告人是自愿承认其所犯罪行，并非在充分证据面前被迫认罪，公安司法机关有义务亦应注重审查、保护嫌疑人、被告人“认罪”“认罚”的自愿性。为了保障“自愿性”的实现，公安司法机关应当逐步健全相关法定职责，积极履行告知义务，充分听取嫌疑人、被告人的供述和辩解等。

最后，明确适用该制度时，适当简化庭审方式、简化举证方式，注重庭审的灵活性和针对性。认罪认罚案件，控辩双方对定罪或量刑并无争执，庭审的目的旨在通过审查确保案件事实的真实性以及被告人认罪认罚的自愿性，没有组织法庭调查和法庭辩论之必要。[②] 公诉人举证最需考虑的是如何清晰、条理、逻辑地向法庭证明指控事实的存在。所以，在被告人认罪前提下，举证应着重针对双方的分歧点，对无异议的相关证据，在庭审中可简化出示。这一灵活的举证方式在笔者调研中亦得到证明，32.93%的被告人认为“有必要举证，但可以从简”。总之，对认罪认罚案件适用更加灵活、简化的庭审方式不仅能够促进案件繁简分流，实现诉讼及时，优化司法资源，亦是程序从简的重要体现。

（原载于《山东大学学报（哲学社会科学版）》2017 年第 4 期）

---

① 闵春雷：《认罪认罚从宽制度中的程序简化》，《苏州大学学报（哲学社会科学版）》2017 年第 2 期。

② 顾永忠、肖沛权：《“完善认罪认罚从宽制度”的亲历观察与思考、建议》，《法治研究》2017 年第 1 期。

合理运用监视居住:从错案的发回重审反思审前羁押(1979～2014)

熊谋林　王馨兰　陈 强

引言:新刑诉法下的旧问题

冤假错案是近年来备受关注的社会热点,而错案基本会涉及如何救济和纠错等问题。救济的核心是刑事司法如何及时释放无辜者,以及尽量为无辜者减损。纠错的实质是,在二审、再审、死刑复核程序中,上级法院如何回应下级法院基于"事实不清,证据不足"所作的错误裁判。浏览最近出现的多个错案可以发现,发回重审已成为阻碍权利救济的重要环节。① 多年来,中国学者一直呼吁对事实存疑案件应直接改判无罪。然而,刑事程序"形式化"、程序倒流"常态化"、庭审"虚置化"等现象至今仍无较大改观,无罪判决比想象中更难。② 尽管 2012 年刑诉法将存疑案件的发回重审限定为一次,试图通过限制重审次数而迫使上级法院在再次上诉后改判无罪。然而,这不仅没从根本上鼓励对"事实不清,证据不足"案件作无罪裁判,更没有在无罪推定原则下解决

---

① 资深记者李恩树在 2011 年毫不客气地指出:"发回重审制度带来的'诉讼怪圈'涉及全国各地……经常陷入上下级法院间反复发回重审、反复一审的'踢皮球'局面。于是,案件审而不决,嫌疑人被长期羁押而无从获得权利救济。"(李恩树、郑小琼:《被滥用的发回重审程序》,《政府法制》2011 年第 7 期)

② 汪海燕:《论刑事庭审实质化》,《中国社会科学》2015 年第 2 期;汪海燕:《论刑事程序倒流》,《法学研究》2008 年第 5 期。

无辜者的审前羁押问题。[①] 我们不禁要问，基于全面审查的二审环节，是什么原因导致发回重审和程序性羁押成为疑难案件的主要处理方式。

在有效纠错和程序救济方面，先前的研究主要提供了两个方案。第一个是超前方案，“一刀切”强令上级法院改判无罪，并废除存疑发回重审制度。[②] 这个方案贯彻了“无罪推定”原则，但问题是在当前实务界人士对过早确认无罪明显缺乏安全感。第二个是保守方案，在发回重审制度内进行改良，如推行取保候审[③]。这个方案虽在法律程序上未直接确认无罪，但取保在事实上却及时地给予无辜者自由。多年的刑事立法和司法实践反映出，保守方案基本是恰当的。本文认为保守方案更可行，但思路与先前的取保策略不同，而是建议在现有框架下适用监视居住。

据此，本文分四个部分围绕上述问题予以阐述。第一部分，基于近来学界关于发回重审制度的理论探讨，对发回重审相关的法律、政策进行历史性考察，解读其存在的原因及改良根基。第二部分，主要展示 316 件冤假错案的统计结果，围绕二审、再审裁判对审前羁押的影响，对相关因素进行多元回归分析。第三部分，论证“事实存疑”案件中推行审前释放的必要性，在法律、司法解释支持下对疑错无辜者合理运用监视居住方式。第四部分，总结全文，简要阐明本文的可行性，并提出未来需关注的问题。

一、回顾发回重审制度

发回重审作为四大程序倒流问题之一，学术界基本对此持否定态度。研究指出，发回重审违反二审终审原则，是“公文旅行”或流水线作业的表现，违背无罪推定原则，容易导致循环审判和效率低下。[④] 实务界早期对发回重审持

① “审前羁押”表示犯罪嫌疑人未经有效裁判而被羁押，但也有学者用未决羁押、持续性羁押、预防性羁押，或刑事羁押、羁押等术语。本文与多数学者的立场一致，参考英文“pretrial”后用“审前羁押”。

② 张玉录：《建议取消发回重审制度》，《山东审判》1999 年第 2 期；史立梅、刘林呐：《我国刑事二审发回重审制度的反思与重构》，《国家检察官学院学报》2004 年第 3 期。

③ 陈瑞华：《程序性制裁制度研究》，《中外法学》2003 年第 4 期；陈卫东、李奋飞：《刑事二审“发回重审”制度之重构》，《法学研究》2004 年第 1 期。

④ 皇甫长城：《对刑事二审“事实不清、证据不足”发回重审的反思——从河北承德四农民被反复重审案件谈起》，《人民检察》2004 年第 12 期；王裴弘：《质疑“发回重审”》，《人大研究》2001 年第 6 期；陈瑞华：《程序性制裁制度研究》，《中外法学》2003 年第 4 期，史立梅、刘林呐：《我国刑事二审发回重审制度的反思与重构》，《国家检察官学院学报》2004 年第 3 期。

肯定态度,但近几年持否定态度的文献日益增多。肯定观点认为,应当对未经查实或相互矛盾的证据发回重审。[①] 否定观点认为,发回重审标准不明且缺乏稳定性,导致循环审判。[②] 据此,诸多改良意见可归纳为:可以保留发回重审,鼓励指令其他法院审理[③],发回重审以一次为限[④],取消事实存疑的发回重审,限制在程序违法事由[⑤],对发回重审案件应取保候审[⑥]。发回重审的不足和诸多意见已获重视,新刑诉法采纳了部分意见,如发回重审的次数限制。但其他意见和方案还未采纳,因此有必要重新认识与发回重审有关的制度。

资料收集发现,发回重审制度是最高人民法院在20世纪50年代中期,根据苏联模式和实践经验总结出的方案。1954年公布的《人民法院组织法》只规定了上诉、抗诉及审级,但没有对裁判方式作具体规定。在相关程序缺失和向苏联学习的背景下,最高人民法院于1956年在《各级人民法院刑事案件审判程序总结》中指出:"如果原审认定事实无错误,证据充分,在程序上合法,而论罪科刑不妥当,认为是把无罪当作有罪、把轻罪当作重罪,或者按照政策、法律、法令原判处刑罚过重的,应当用判决改判全部或者一部。……如果认为原审认定事实有疑问,证据不充分,需要发回原审人民法院更审的,应当用裁定撤销原判,发回更审。"按此逻辑,如果事实清楚,不管是有罪还是无罪,均应由二审法院改判。只有在有罪和无罪事实不清楚情况下,才发回重审。然而,1979年刑事诉讼法稍作变通,没有再提事实清楚、无罪判有罪的情况下由上级法院直接改判为无罪。而是由第163条规定:"二审法院认为原判事实认定不清或证据不充分的案件,可以查清后改判,也可以发回重审。"自此,发回重审制度的基本框架明确地固定下来,并一直延续至今。

---

① 谢萍:《二审刑事案件改判、发回重审的原则和标准》,《人民司法》2002年第5期。

② 张玉录:《建议取消发回重审制度》,《山东审判》1999年第2期;周永军:《重新审视发回重审制度》,《律师世界》2002年第11期;王建宏:《透视发回重审与改判率——以社会主义司法制度的公正价值为视角》,《法律适用》2009年第2期;沈霞:《对我国刑事二审发回重审制度执行困境与架构重塑之思考——以某市中级人民法院刑事二审案件为例》,《法律适用》2013年第10期。

③ 陈光中、郑未媚:《论我国刑事审判监督程序之改革》,《中国法学》2005年第2期。

④ 陈卫东、李奋飞:《刑事二审"发回重审"制度之重构》,《法学研究》2004年第1期;姜保忠:《刑事发回重审制度的问题与完善》,《法治研究》2010年第11期。

⑤ 陈卫东、李奋飞:《刑事二审"发回重审"制度之重构》,《法学研究》2004年第1期;周永军:《重新审视发回重审制度》,《律师世界》2002年第11期;王超:《刑事二审发回重审制度的功能异化:从救济到惩罚》,《政治与法律》2011年第11期;李长城:《发回重审与程序滥用》,《山东警察学院学报》2013年第1期。

⑥ 陈瑞华:《程序性制裁制度研究》,《中外法学》2003年第4期;陈卫东、李奋飞:《刑事二审"发回重审"制度之重构》,《法学研究》2004年第1期。

通过梳理早期的资料，文献指出了最高人民法院设置重审制度的背景。1955 年以前，上级法院对上诉案件基本不发回重审，而是像一审一样外出走访、调查案情，并在查清案件事实基础上改判。这造成中院基本是代一审法院行使审判之责，使一审产生依赖心理，最终造成二审效率低下。后来，为了提高审判效率，最高人民法院和司法部在 1955 年底开展区分上诉审和一审职能的司法改革，建立撤销原判发回重审制度。[①] 效率至上或许是今日坚持保留发回重审制度的重要理由，但这偏离了制度创设初衷。

在审理期限问题上，发回重审重新计算审限可追溯至 20 世纪 80 年代。1984 年全国人大常委会通过的《关于刑事案件办案期限的补充规定》第 8 条规定："第二审人民法院发回原审人民法院重新审判的案件，原审人民法院从收到发回案件之日起，重新计算审理期限。"随后，1996 年《刑事诉讼法》第 194 条对此进行立法并沿用至今。然而，发回重审和重新计算审限在审押并存的情况下，无形中延长了对无辜者的羁押期限。

关于"事实不清，证据不足"案件的二审判决和发回重审的次数问题，显示出最高司法机关自身的不确定性。"两高"和公安部于 2003 年公布的《关于严格执行刑事诉讼法，切实纠防超期羁押的通知》规定："第二审人民法院经过审理，对于事实不清或者证据不足的案件，只能一次裁定撤销原判、发回原审人民法院重新审判。"紧接着，最高人民法院在《关于推行十项制度切实防止产生新的超期羁押的通知》中稍作变更："第二审人民法院经过审理，对于原判决事实不清或者证据不足的案件，只能裁定撤销原判，发回原审人民法院重新审判一次，严格禁止多次发回重审。""只能裁定撤销原判"而不是鼓励改判无罪，便为法院发回重审提供了依据。2010 年最高人民法院公布的《关于规范上下级人民法院审判业务关系的若干意见》，试图放松对重审次数的限制，规定"原则上只能发回重审一次"。言外之意，二审对判决"事实不清，证据不足"发回重审的次数也可例外。这是 2003～2012 年间发回重审滥用的一个重要原因，2012 年刑诉法第 225 条废止了这个"原则"规定。

2015 年公布的《关于全面深化人民法院改革的意见》，意图为冤假错案建立及时纠正机制，如限定发回重审和指令再审的条件和次数。然而，与本文相关的两个问题还需进一步改革：一方面，虽然表明控制发回重审的次数，但对

---

① 贺战军：《如何划清上诉审和一审的职能》，《法学研究》1956 年第 2 期。

于“事实不清,证据不足”的案件,没有明示如何控制发回重审的理由。任何一个错案的发生,与刑事诉讼程序的违反必然相关。因此,有些法官完全可以“违反法定程序”为理由发回重审,绕开次数的限制。[①] 另一方面,完善强制措施的司法监督,但是如何控制审前羁押只字未提。这说明,继续研究发回重审和审前羁押实有必要。

二、研究资料、方法与发现

本部分先由几个熟知的错案说明审前羁押和发回重审的常态性,进而推广到研究中所采集的数据资料。在内容上,先借助于各种描述统计和参数分析,解释错案中审前羁押的现状及影响因子。然后,借助于均值列联表,表达二审和再审中的羁押天数及审级次数。

(一)案例初读

我们按不同刑事诉讼法时代分别选择一个案例予以说明,可以发现滥用发回重审和长期羁押在过去几十年没有改变。除陈国清案目前还没被确认为错案外,其他两案都已确认。

案例1:陈国清案,于1996年被承德中院判死刑。截至2004年改判死缓,该案审级达8次[②],4次判死刑,3次发回重审。陈国清被羁押9年5个月零23天,共计3383天。本案号称是推动只能发回重审一次的重要案例。

案例2:郭新才案,于1997年被聊城中院判死刑。该案历经6次审级,2次死刑和2次发回重审。至无罪判决时,“狱神”郭新才共被羁押4年9个月零3天,共计1713天。

案例3:念斌案,历经9次审级,4次判死刑,3次发回重审。2014年,念斌被浙江高院无罪释放时,共被羁押8年零15天,共计2895天。

观察上述三个案例,可以发现如下几个问题:(1)发回重审制度并没有帮

---

① 李华武、陈家傲:《设立审查程序:破解刑事二审发回重审难题新路径》,《广东行政学院学报》2015年第1期。

② 本文中的术语“审级次数”,目的在于描述案件在法律程序内经历不同级别法院的次数总和,而不是案件总共开庭审理的次数。案件在每个法院可能被多次开庭审理,但在审级上只看作一次。例如,案件在一审被判有罪,二审改判无罪,审级为2次。如果一审被判有罪,二审发回重审,一审法院改判无罪,那么审级为3次。以此类推,死刑案件还包含复核程序,再审案也包含再审程序。

助查清事实，无辜者也无什么犯罪事实可查。原审法院多次判死刑，上级法院多次发回重审。(2)权利救济道路坎坷，被告人多次上诉，经历死刑立即执行、死缓、无期、有期、无罪的崎岖路径。(3)被告人在诉讼进程中一直处于羁押状态。从初次羁押到最后一次判决，最长羁押 9 年半，最短 4 年 9 个月。催人思考的是，上述案例是偶然还是必然。如果是偶然，那么这些案例必然不具有代表性。然而，上述各时代的案例并非个案，已知羁押更长的错案不胜枚举，如死刑保证书案李怀亮被羁押 12 年。

(二)样本与描述

本文主题是考察司法实践中的错案羁押问题，因此项目组穷尽一切途径收集截至 2014 年公开报道的错案。在资料来源上，研究团队查阅并收集了涉及错案的新闻报道、学术文章，并采用编码方式对案例进行整理。在内容上，对是否羁押，判决生效以前的审前羁押天数、上诉结果，再审结果，罪名类型、审级次数和判决结果等作了统计。由于缺乏正式判决书，案例很零散且信息不全，整理工作异常困难。数据结构上，案例信息缺损较多，这造成不同分析方法的案件总量有差异。

尽管有不少缺陷，但依然可以发现一定规律。主要表现为，审前羁押和较长羁押期限是常态，发回重审是主要裁判方式，平均经历 4 次审级，二审对纠错基本不起作用。如表 1 的描述统计显示，316 个冤假错案平均羁押 1123.33 天，最短的是因写诗而获诽谤罪的秦中飞被羁押 28 天①，最长的是塔河命案(可能的错案)受害人韩建勋被羁押 5840 天(16 年)。只有 4.08%的无辜者被取保候审，剩余 95.92%案件均被羁押于看守所。228 例被统计的上诉裁判结果中，只有 4.82%被改判无罪，58.77%的案件被发回重审，共有 95.18%的错案在二审没有得到纠正。被统计的 80 件再审案件中，67.5%直接被改判无罪，维持原判、发回重审、量刑改判分别占 10%、5%、17.5%。从不同时代来看，94 件为 1979 年刑诉法适用时期，198 件案件发生在 1996 年刑诉法修改以后。在已经核实的 260 个罪名类型中，故意杀人、抢劫、强奸、故意伤害是排名

① 马长山：《公共议题下的权力“抵抗”逻辑——“彭水诗案”中舆论监督与公权力之间的博弈分析》，《法律科学》2014 年第 1 期。

前四的案件,分别占34.62%、20.38%、6.54%,3.85%。[①] 在审级次数方面,平均每案要经历3.95个独立审级,也即要经历一审、二审、发回重审、再次二审四个程序。251件被统计的判刑来看,43.03%的受害人被判处死刑,无期徒刑、有期徒刑分别占8.37%、48.21%。

表1　观察变量的描述统计

变量	样本	细目	均值/频数	标准差/%	最小值	最大值	变量描述
审前羁押	316		1123.33	838.37	28	5840	连续变量:天
羁押状态	294	取保候审	12	4.08%			虚拟变量: 取保候审/监视居住=0 审前羁押=1
		审前羁押	282	95.92%			
二审结果	228	改判无罪	11	4.82%			虚拟变量组: 改判无罪=0 维持原判=1 发回重审=1 量刑改判=1
		维持原判	57	25.00%			
		发回重审	134	58.77%			
		量刑改判	26	11.40%			
再审结果	80	改判无罪	54	67.50%			虚拟变量组: 改判无罪=0 维持原判=1 发回重审=1 量刑改判=1
		维持原判	8	10.00%			
		发回重审	4	5.00%			
		量刑改判	14	17.50%			
法律时代	296	1979年刑诉法	94	31.76%			虚拟变量组: 1979年刑诉法=0 1979年前=1 1996年刑诉法=1
		1979年前	4	1.35%			
		1996年刑诉法	198	66.89%			

① 中国与国外的错案罪名具有相似性,主要集中在暴力犯罪和性犯罪(参见熊谋林、廉怡然、杨文强:《全球刑事无罪错案的实证研究(1900~2012)》,《法制与社会发展》2014年第2期)。

续表

变量	样本	细目	均值/频数	标准差/%	最小值	最大值	变量描述
犯罪类型	260	故意杀人	90	34.62%			虚拟变量组：故意杀人=0
		抢劫	53	20.38%			抢劫=1
		强奸	17	6.54%			强奸=1
		故意伤害	10	3.85%			故意伤害=1
		窝藏包庇	10	3.85%			窝藏包庇=1
		挪用公款	9	3.46%			挪用公款=1
		诽谤	9	3.46%			诽谤=1
		诈骗	9	3.46%			诈骗=1
		贪污	8	3.08%			贪污=1
		毒品犯罪[a]	6	2.31%			毒品犯罪=1
		盗窃	5	1.92%			盗窃=1
		受贿	5	1.92%			受贿=1
		其他	29	11.15%			其他=1
审级次数[b]	316		3.95	1.864	0	11	连续变量：单位(次/法院)
量刑	251	死刑立执	59	23.51%			次序变量：5=死刑立即执行
		死刑缓期	49	19.52%			4=死缓
		无期徒刑	21	8.37%			3=无期徒刑
		有期徒刑	121	48.21%			2=有期徒刑
		拘役	1	0.4%			1=拘役

注：[a]走私、贩卖、运输、制造毒品罪；[b]各法院在相应程序内的独立审判算一次审级。

(三)分析与发现

本文主题是考察诉讼程序、裁判结果对审前羁押期限的影响，因此根据各变量特性作研究设计。研究将审前羁押的天数设置为因变量，将二审和再审的审理结果作为自变量，并且将羁押与否(是否有取保候审)、法律时代(不同诉讼法时代)、犯罪类型、审级次数、量刑等影响羁押期限的相关因素作为控制变量。在分析方法上，本文使用最小二乘法线性回归(Ordinary Linear Regression)获取回归系数(*Coef.*)和标准回归系数(*Beta*)。考虑到离异值对模型有效性的影响,研究还采用稳健回归方法获取回归系数(*Rb_Coef.*),以确保分析结果尽量准确。在模型安排上(见表 2),模型一不考虑案件的再审情况,对所有 212 个上诉案件的羁押期限的影响因子予以分析。模型二中,对 67 个涉及再审程序的案件进行分析,以检测二审、再审判决或裁定结果对羁押期限的影响。

表 2　　刑事错案审前羁押及影响因子 OLS(Robust)分析模型

变量		模型一			模型二		
		Coef.	*Beta*	*Rb_Coef.*	*Coef.*	*Beta*	*Rb_Coef.*
二审结果	改判无罪	参照	参照	参照	参照	参照	参照
	维持原判	(173.70)[b]	(0.10)	(191.09)	(12.89)	(0.01)	227.75
	发回重审	(93.31)	(0.06)	(95.48)	224.64	0.13	39.65
	量刑调整	(272.37)	(0.11)	(279.45)	(442.68)	(0.23)	(285.29)
再审结果	改判无罪	—	—	—	参照	参照	参照
	维持原判	—	—	—	512.57	0.19	873.18***
	发回重审	—	—	—	776.52**	0.26	871.25***
	量刑调整	—	—	—	(41.27)	(0.02)	190.54
羁押	羁押	参照	参照	参照	参照	参照	参照
	取保	(72.41)	(0.02)	(91.45)	(573.46)	(0.17)	(438.52)
法律时代	1979 年刑诉法	参照	参照	参照	参照	参照	参照
	1996 年刑诉法	(296.34)**	(0.19)	(337.53)**	(555.81)**	(0.38)	(322.30)**
	1979 年前	113.96	0.01	89.79	368.60	0.09	516.09
犯罪类型	故意杀人	参照	参照	参照	参照	参照	参照
	抢劫	(292.89)**	(0.16)	(333.53)**	(173.97)	(0.08)	(572.28)***
	强奸	(768.51)***	(0.25)	(814.40)***	(11.39)	(0.01)	273.31
	故意伤害	(135.37)	(0.04)	(157.81)	(35.56)	(0.01)	133.50
	窝藏包庇	(321.70)	(0.08)	(375.61)	(749.62)	(0.13)	—
	挪用公款	34.70	0.01	25.54	829.65*	0.27	1079.24***

续表

变量		模型一			模型二		
		Coef.	Beta	Rb_Coef.	Coef.	Beta	Rb_Coef.
犯罪类型	贪污	(292.34)	(0.06)	(361.80)	957.63*	0.23	1211.67***
	诽谤	(635.66)**	(0.17)	(687.63)**	—	—	—[c]
	诈骗	(670.14)**	(0.15)	(769.59)**	(520.14)	(0.12)	(65.76)
	毒品犯罪[a]	582.87*	0.13	617.20*	1151.59**	0.27	1421.42***
	盗窃罪	(956.06)**	(0.17)	(976.40)**	(358.62)	(0.12)	11.22
	受贿罪	(205.39)	(0.03)	(239.23)	1136.44**	0.27	1235.21***
	其他	20.05	0.01	13.55	630.04**	0.35	863.27***
审级次数		(15.77)	(0.04)	(16.91)	(76.36)	(0.17)	(31.26)
量刑		36.26	0.06	35.21	175.15*	0.30	194.33 ***
常数		1562.98***		1632.92***	1298.50**		346.67
样本		212		212	67		66
F		2.27***		2.21***	2.03**		5.31***
R^2		0.19			0.50		

注：[a] 指走私、贩卖、运输、制造毒品罪；[b] 指计数方法，(x)表示负数；[c] 指多重共线导致删除。
*** $p<0.01$，** $p<0.05$，* $p<0.1$。

第一，模型一显示，较长羁押期限不因二审裁决结果有差异，这可从两方面解释。一方面，一审中普遍涉及补充侦查，二审裁决的程序也较烦琐（如协调和请示），这造成被告人在二审裁决以前的羁押期限均较长。另一方面，二审程序中被告人普遍涉及多次循环审理，不管是改判无罪、维持原判、发回重审，或是量刑调整均有较长周期。从观念上看，如果二审法院能够改判无罪，将缩短被羁押的期限。但是，这些错案可能存在超期羁押、按审限顶格裁案，这就使无辜者的羁押期限基本没什么差异。

第二，模型二显示，从再审案件来看，维持原判、发回重审均显著增加审前羁押期限。与改判无罪相比，再审维持原判或者发回重审将显著地使羁押期限更长。发回重审的回归系数（$Coef.=776.52$，$p=0.05$）以及稳健回归系数（$Rb\_Coef.=871.25$，$p=0.000$）均表明，再审裁定发回重审，比改判无罪多羁押 871.25 天（$p=0.000$）。这组数据也从反面说明，真正发挥纠错作用的程序是再审。[①] 如描述统计(表 1)所示,三分之二的案件在再审中被改判无罪,但主要是非死刑案。

第三,控制变量显示,法律时代、犯罪类型、量刑结果对被告人的审前羁押期限具有重要影响。就法律时代来看,两个模型均显示,1996 年修改后的刑诉法对减少无辜者的羁押期限作用非常明显,比 1979 年刑诉法显著减少 296.34 天。就犯罪类型来看,故意杀人罪的审前羁押期限比抢劫、强奸、诽谤、诈骗、盗窃罪长。这说明,审前羁押的期限与犯罪的严重性有关,表现在罪名和量刑结果上。涉及命案的错罪案件更不容易被尽早释放,这与死者家属、公检法压力和“命案必破”的理念有关。[②] 毒品犯罪的羁押期限更长,这也与严打毒品犯罪有关。甚至因“破案有功”心切而故意制造犯罪陷阱,这造成洗冤阻力更大,如宋庆芳案。贪污贿赂等白领犯罪的羁押期限甚至比故意杀人罪更长。例如,石家庄师学军、李玉卉贪污案,一次抓捕 20 余人,历时 6 年才洗冤。就量刑结果来看,刑罚越重审前羁押越长,这与量刑逐级递减有关。随着一审、二审、再审的程序循环,被告人经历死刑立即执行(2 次以上也不少)、死缓、无期徒刑、有期徒刑、无罪。甚至,在贵阳小河黎万洪案件中,为了避开高院的复核监督,直接将案件下放到区级检察院作有期徒刑指控。[③] 审级次数对羁押期限的影响不很明显,这可能由于不同案件的情况不一致,或者被裁判结果所解读。例如,韩建勋案只有一份判决书,但却被羁押了 16 年。

(四)简单再现

上述模型分析过于复杂,本节以简单的均值列联表予以解释,表 3 基本印证了表 2 的分析结果。有上诉的 237 个案件中,平均审前羁押时间是 1094.96 天,平均审级为 4.20 次;在具体的裁判项目中(9 个案件无法核实二审裁判结果),改判无罪的羁押时间最长,其次是发回重审,平均羁押 1087.84 天,平均的审级次数也以 4.76 次位居首位。在含有再审信息的 94 个样本中(14 个无法核实裁判结果),发回重审所引发的审前羁押时间也比改判无罪更长,高达 1054.08 天,审理次数也比其他裁判多,这再次印证了分析模型的有效性。审

---

① 当然,这并不当然代表再审程序就有效,因为再审开庭前还有立案审查程序。文中再审有效的一个重要原因是再审申请最终获得立案,这实际上已表示案件可能存在错误。司法实践中有大量的再审申请被驳回,本数据库中的不少错案也曾经多次不立案。因此,如何评价再审程序还需继续研究。

② 熊谋林:《从证据收集看审前羁押——基于 A 市的实证研究》,《华东政法大学学报》2016 年第 2 期。

③ 李长城:《发回重审与程序滥用》,《山东警察学院学报》2013 年第 1 期。

前羁押期限的比较显示，二审比再审的羁押时间更长，这可能和常识有冲突。解释很简单，那些采用再审的案件，可能是一些可由本地法院裁判后生效的非死刑案件。而相反，那些一直处于二审程序的案件，因不核准死刑而循环审理并导致裁判未生效。但无论怎样，类似的诉讼程序却并没有缓解无辜者的羁押现状。

本部分意在说明发回重审在刑事二审(58.77%)中扮演了重要角色。而无辜者在审判过程中，却没有获得相应的程序救济。按照本文揭示出的错案羁押期限和审级次数，4 次(3.95 或 4.20)审级基本就是二审法院一次发回重审后的结果即一次原审(第 1 次)，上诉后引出二审(第 2 次)，二审后再发回重审(第 3 次)，再上诉至二审(第 4 次)。现代刑事诉讼之所以被认为是文明的，不仅因实体上的有罪惩罚而获得民心，还须有阳光正义的刑事程序。因此，在保障定罪和惩罚准确的情况下，既不影响查清事实，又不致无辜者遭受损害，这才是可接受的刑事诉讼程序。

表 3　　　　审前羁押与审级次数(均值)

审级	裁判种类	N	审前羁押(单位:天)			审级次数(单位:次)		
			均值	置信区间 95%		均值	置信区间 95%	
二审	上诉	237	1094.96	992.19	1197.73	4.20	3.95	4.45
	维持原判	57	1034.79	834.77	1234.81	3.51	3.04	3.97
	发回重审	134	1087.84	957.10	1218.58	4.76	4.44	5.09
	量刑改判	26	978.35	741.34	1215.37	3.92	3.25	4.60
	改判无罪	11	1187.04	767.28	1608.31	2.00	N/A	N/A
再审	申请	94	975.42	827.43	1123.42	4.05	3.67	4.43
	维持原判	8	1340.07	832.71	1847.42	5.49	4.72	6.25
	发回重审	4	1054.08	369.14	1739.03	5.00	3.85	6.15
	量刑改判	14	1185.61	854.90	1516.32	4.36	3.68	5.04
	改判无罪	54	808.52	627.72	989.33	3.46	3.06	3.86

注:案例信息缺失导致裁判总项目 N 与具体项目 N 不吻合。

显然，原审人民法院不可能轻易承认错案。他们以“事实不清，证据不足”只能发回重审一次虽方便了法院，但对无辜者没有益处。因为发回重审一次以后，必然还会由原审法院裁判和二审法院审理，每个程序中平均耗费 260 天

(1094.96/4.20)。换句话说,任何一次不必要的发回重审都将羁押延长近1年半(520天)。更值得注意的是,现行刑诉法没有限制违反程序的发回重审,二审法院依然有可能滥用发回重审。这意味着,无辜者还会被羁押超过3年或者更长。一个比刑罚还长的羁押不能不说代价太高,这肯定不是现行刑诉法改革的初衷。

三、讨论与政策建议:明示监视居住

将冤假错案的事实基础与发回重审相联系,就必然思考羁押所产生程序正义和实体正义问题。第一,发回重审是否可能查清事实。从数据库来看,凡事实不清、证据不足的错案,原审法院在检察院退回公安机关补充侦查后没查清,法院退回检察院补充侦查等程序也没查清,上级法院通过发回重审依然没查清。与此相反,在漫长的诉讼程序中,因发回重审而出现的滥用程序制裁措施,使程序羁押成为处罚的替代措施。[①] 第二,发回重审是否加重以押代罚问题。在目前的诉讼机制之下,发回重审意味着重新计算审限,持续羁押或者变相超期羁押问题就更加严重。第三,发回重审之程序目的是什么。根据制度渊源的考察,中华人民共和国成立初期设立发回重审制度本为减少中级人民法院的负担,而由原审法院直接查清改判。但事实上,当前滥用发回重审后引发的重新上诉、再审救济程序,反而增加了上级法院的负担。第四,发回重审是否违背刑诉基本原则。发回重审意味着无辜者在原审法院已遭受实体性审判,而且是在证据不足情况下所作的裁判。进而,在长期羁押后再次遭受不利于己的裁判,这明显违背禁止双重危险、无罪推定、疑罪从无等一系列基本原则。

前文的分析说明,现行刑诉法不能控制错案中的审前羁押,这为下一步改革方案提供了参考。当然,学术努力仅是提供意见,最终是否采纳,以及采纳何种方案,还取决于立法者的态度和相应的立法规划。

(一)中长期规划

尽管冤案要等到宣告无罪之时,才被确信是司法失范引发的“灾难性事

---

① 有学者直接将羁押定义为“以押代罚”[Yi Yanyou, “Arrest as punishment: the abuse of arrest in the People's Republic of China”, *Punishment & Society*, 2008, 10(1): 9-24]。

故”。但在宣告无罪之前，原审法院和上级法院肯定或多或少知其法律或证据上的无罪事实。① 如果制度畅通，没有其他法外因素干扰，上下级法院就可以很顺畅的改判无罪；反之，法院就会以各种理由将无辜者的有罪判决“死拖”至最后一刻。② 因此，在可能的冤假错案面前，中国刑事司法应当为错罪案件提供灵活的救济路径，从实体和程序两方面双管齐下。

如文献回顾所示，学界已提出了两个关键性的重构方案：由上级法院改判无罪，废除发回重审制度；对发回重审案件采取取保候审措施，从程序上实现救济。必须肯定，这两种方案对于积重难返的审前羁押来说都非常好。但是，目前这两个措施都没有获得司法实践支持，或许因其固有缺陷。因此，有必要重新评估改革和诉讼制度设计，如下几点需要考虑：

首先，上级法院改判无罪，这是从根本上贯彻无罪推定的最佳措施。跳出1956年设置的重审制度，让二审、再审法院对存疑案件直接改判，当然是最好不过。这无疑将使中国处于世界前列，甚至比英美法系还先进，这也是所有刑事法研究者梦寐以求的局面。笔者将此定位为一个长远方案。

其次，在不破坏原有体系之基础上，在诉讼程序内部尽早释放被告人比较可行。这个方案是当务之急，可以称为暂时方案。发回重审制度已经在中国存在60年，且在世界各大国均有。③ 因此，对于中国立法者来说，废除发回重审将是一个不小的挑战。更何况，法律修改需要数十年的理论呼吁才会变成条文，肯定不可能等到立法成型时才去拯救无辜者。

再次，冤假错案的核心问题是对自由和生命权利的救济。与是否发回重审相比，羁押才是与无辜者直接相关的问题。如果不解决羁押问题，无论立法怎么设计，都有可能重蹈覆辙。就错案的当前现状来看，二审法院对改判无罪还有观念障碍，11个改判无罪的案例比发回重审、维持原判的羁押期限更长。由此可见，及时释放比纠结于发回重审更重要。

（二）最优方案

从现实角度看，现行刑诉法为审前释放提供了支持，如变更强制措施、羁

① 徐浩案就非常典型，法院和政法委当年都表示有罪证据严重不足，但就是因为徐浩本人不认罪而不放人（刘虎：《几年前就曾想过放徐浩出来》，2012年3月20日《新快报》）。

② 熊谋林：《两种刑事司法错误的危害相当性：基于中国综合社会调查的考察》，《中外法学》2016年第1期。

③ 陈卫东、李奋飞：《刑事二审“发回重审”制度之重构》，《法学研究》2004年第1期。

押必要性审查等。这不仅是现行刑诉法框架内的选择,且也是各方均可接受的方案。其主要理由是:

第一,基于刑事诉讼法的定罪标准,影响发回重审的可能主要是无罪事实。[①] 中国从 1996 年刑诉法修改以来,逮捕、侦查终结、公诉、定罪的标准实际上都是"事实清楚,证据确实、充分",尽管法条文字上表述有差异。[②] 案件经过公安侦查、检察官公诉、一审法院等多个环节认定为"事实清楚",而发回重审的基础"事实不清"又说明其认定有问题。要再让这些司法机构查清事实谈何容易,因为有罪事实本来就子虚乌有,或者因为司法人员渎职栽赃所为。事实上,二审或再审法院自己发现有罪事实也并非易事。

第二,刑事诉讼充满风险,诉讼不利后果不应由被告人一人承担。刑事诉讼是检察院和公民在"打官司",责任风险也应当由造成追诉不能的一方承担。之所以被告人的有罪事实不清楚,其责任和风险均来自于公诉方的举证不能。从无辜者立场来看,被告人没有义务为司法人员的错误或失误买单。对重审案件中的被告人予以审前释放,并不意味着其不继续参加诉讼,这仅是基于现有证据而采取的最低限度救济要求。如果将来发现有力证据,再继续追诉便是。

第三,不羁押是双赢结局。存疑错案中,持续羁押将使被告人的权利遭受更大司法侵害,增加被告人讼累。采取措施尽早释放潜在无辜者,不仅可以将被告人的权利损害降低到最低限度,而且还有可能减少巨额国家赔偿金。对潜在无辜者、司法机关来说,这是一件双赢的事情,为什么不接受呢?

第四,与罪犯相比,无辜者更应当享有程序权利。研究显示,当前的逮捕率逐年下降,至少有 1/4 的罪犯被审前释放。[③] 如前述,涉及事实存疑的案件发回重审,很有可能是无罪案件。既然已查明的真正罪犯有取保候审或监视居住的机会,潜在的无辜者更享有不被羁押的权利。

第五,审前释放以后,对于原审法院查清案件事实并没有什么影响。由于

---

① 符韶敏、周业夏:《海南中院 2002 年刑事二审改判和发回重审案件的调查与分析》,《特区论坛》2003 年第 76 期;王建宏:《透视发回重审与改判率——以社会主义司法制度的公正价值为视角》,《法律适用》2009 年第 2 期。

② 学者们在论证其标准时,基本采用了与裁判标准相同的表述"案件事实清楚,证据确实、充分"(参见孙长永:《提起公诉的证据标准及其司法审查比较研究》,《中国法学》2001 年第 4 期;孙谦:《论逮捕的证明要求》,《人民检察》2000 年第 5 期;朱孝清:《关于逮捕的几个问题》,《法学研究》1998 年第 2 期)。

③ 陈永生:《逮捕的中国问题与制度应对——以 2012 年刑事诉讼法对逮捕制度的修改为中心》,《政法论坛》2013 年第 4 期。

距离案件发生的时间周期较长，各种物证和凶器现场均难以恢复，能够查清的可能性非常小。如果是鉴定结论等补充证据，上级法院比较容易获取，发回重审也就没有适用余地。问题是，司法机关在发回重审后获取的也主要是言辞证据，或压根就没有什么新证据。[①] 这些取证具有随意性，不管司法机关何时何种方式取证均有可能。对审前释放的最大担忧，可能是被告人逃跑或串供。然而，逃跑案例较少，且妨碍司法罪完全可以控制串供、毁灭证据等行为。[②]

肯定发回重审的前提是，上级法院应本着方便、及时、有效的原则，以必要为限度。在作决定之前，上级法院应当评估直接改判和发回重审对被告人的权利损害和诉讼便利的可能性。如果结合全案证据能确信被告人没有犯罪事实，当然应及时改判无罪，这是上策。对于补充鉴定材料、伤情证明、毒品数量鉴定等并不复杂的事项，可以在查清或补充事实后改判。如果不能查清，短期内可对可能无罪的案件发回重审，但前提是控制羁押。这需要用明确的法律条款允许采取审前释放措施，这是下策。从当前的法治环境来看，下策更具有可行性。

（三）条文设计

方案确定下来后，接下来的工作就是制度的表现形式和内容设计。查阅刑诉法和司法解释后，本文认为取保候审存在制度障碍，监视居住却有可用条款。现行《刑事诉讼法》第 65 条没有关于可能无罪时取保候审的相关内容，《最高人民法院关于〈中华人民共和国刑事诉讼法〉的解释》第 134 条也没有涉嫌无罪时变更强制性措施的相关规定。相反，《刑事诉讼法》第 72 条第一款第四项新规定的“因为案件的特殊情况或者办理案件的需要，采取监视居住措施更为适宜的”之规定，为存疑发回重审案件变更强制措施提供了可能。相信刑诉法新增此内容，正是基于最近几年出现的错案和反复重审的特殊情况，从而规定将发回重审的存疑案件可以变更为监视居住。这仅是学理解释，目前并没有法律文件明确指明“对可能无罪的‘事实存疑’案发回重审属于‘特殊情况

① 例如，黑龙江塔河韩建勋杀妻案，从 1988 年以来补充侦查 8 次，于 2013 年开庭时双方并没有提交新证据，争论的焦点仍是该案 26 年来一直就存在并未得到合理解释的疑点（参见南庄：《塔河命案 26 年未决，原因何在？》，《民主与法制》2014 年第 20 期）。

② 熊谋林：《从证据收集看审前羁押——基于 A 市的实证研究》，《华东政法大学学报》2016 年第 2 期；马静华：《公安机关适用指定监视居住措施的实证分析——以一个省会城市为例》，《法商研究》2015 年第 2 期。

或办理案件的需要'”。可供参考的操作方式有如下两种:(1)变更强制性措施制度,将羁押变更为监视居住;(2)羁押必要性审查制度,将羁押变更为监视居住。

变更强制措施与一审程序一样,可以由人民法院依职权按《刑事诉讼法》第94条变更强制措施,也可由被告及其代表依《刑事诉讼法》第95条之规定申请变更强制措施。但是,这需要司法解释予以明确规定,否则审前释放政策无法落实。先前的错案反映出两个现象:(1)法官自身的拒绝可能。长期的职权主义倾向和有罪推定所产生的羁押习惯,可能使法官不愿意变更。(2)原审法院的干扰可能。发回重审在很大程度上意味着原审法院的裁判错误。由于法官之间较熟悉,审委会成员也未改变,即使重审也难免会继续支持先前判决。在这种情况下,变更强制措施可以在法律程序上警示原审法院,从而为无罪裁判做好铺垫。

关于羁押必要性制度,《刑事诉讼法》第93条也为发回重审的疑错案提供了支持。按照羁押必要性审查的逻辑,人民检察院应当进行主动审查,或基于被告人及其代表申请后进行审查,最终建议审判机关变更强制措施。问题是,2012年新颁布的《人民检察院诉讼规则(试行)》第617条规定,审判阶段的羁押必要性审查由公诉部门负责,监所检察部门只有建议权而无决定权。公诉部门对案件的重审继续承担起诉职责,存疑案件本身又最终关系到诉讼失败与否,公诉部门是否能公正地评估羁押必要性还值得怀疑。在此情况下,如果检察院的公诉部门拒绝羁押必要性审查,法律应赋予监所检察部门有权及时补救。

综上,笔者建议“两高”单独或共同以司法解释形式,明确规定如下内容:

> 第X条　对上级人民法院以《刑事诉讼法》225条第一款第三项发回重审的案件,原审人民法院应当对被告人变更为监视居住。
>
> 被告人及其法定代理人、近亲属或者辩护人对以《刑事诉讼法》225条第一款第三项发回重审的案件,有权申请人民检察院进行羁押必要性审查,也可向原审人民法院申请变更强制措施。
>
> 第X条　对人民法院以《刑事诉讼法》225条第一款第三项发回重审的案件,人民检察院公诉部门应当进行羁押必要性审查,建议人民法院变更强制措施。
>
> 人民检察院公诉部门怠于或拒绝进行羁押必要性审查的,监所检察

部门有权要求或直接进行羁押必要性审查，建议人民法院变更强制措施。

人民法院收到人民检察院的变更强制措施建议书后，应当决定对被告人变更为监视居住。

不可否认，有效地控制冤假错案发生是世界性难题。但笔者深信一定有方案能将冤假错案的危害降低到最低限度。通过对近年来的冤假错案的分析，本文建议对事实不清楚、证据不足发回重审的案件变更为监视居住。这虽然可能有一刀切嫌疑，然而，如果能对是否发回重审和发回重审的理由做限制，在现行法框架内扩大上级法院的改判空间，本文的方案还是有意义的。如果实在担忧发回重审变更强制措施的面过广，至少可应用于“事实不清、证据不足”可能无罪的案件。但这又有另一方面的担忧，当前中国的无罪率几乎降到不可思议地步，估计没有法官会自愿承认所审理的案件涉嫌无罪。[①] 这与司法理念、司法裁判权、正义本质等一系列问题相关，还需要立法、司法、学术界、法律职业群体共同努力。[②]

四、结论及推荐：监视居住具有可行性

当前，刑事诉讼中的冤假错案受关注度较高。正如超期羁押一样，发回重审中的审前羁押问题也并非不能解决。现行刑诉法虽可以控制极端的发回重审，但大量潜在的无罪案件仍有可能因发回重审一次(4 次审级)而不必要地长期羁押。司法实践应重视限制发回重审和监视居住的新规定，将二者绑定在一起来保障无辜者的权利。然而，落实发回重审中的监视居住还需要司法解释予以明确，从制度上为实务操作提供便利是本文的核心内容。

事实上，对潜在错案推广监视居住，具有合理性和可行性。一方面，这可以充分利用《刑事诉讼法》第 72 条的“特殊情况和办理案件的需要”条款，肯定监视居住在错案救济中的作用。当前，监视居住在实践中的利用率普遍较低，

---

① 熊谋林、廉怡然、杨文强：《全球刑事无罪错案的实证研究(1900～2012)》，《法制与社会发展》2014 年第 2 期；白建军：《司法潜见对定罪过程的影响》，《中国社会科学》2013 年第 1 期。

② 熊谋林：《两种刑事司法错误的危害相当性：基于中国综合社会调查的考察》，《中外法学》2016 年第 1 期；Xiong Moulin, Richard G. Greenleaf, and Jona Goldschmidt, “Citizen attitudes toward errors in criminal justice: Implications of the declining acceptance of Blackstone's ratio”, *International Journal of Law Crime & Justice*, 2016, 48: 14-26.

甚至有学者提出应废除监视居住。[①] 笔者认为具有中国特色的监视居住恰好可在疑错案件中发挥积极作用。这种有条件的释放，调和了司法追诉和无辜者权利保障之间的矛盾，也避免了刑事诉讼僵局。另一方面，先前的错案中已有无辜者在重审拉锯战中以监视居住方式变相释放。例如，内江市戴传玉故意杀人案在无罪判决后因检察院抗诉而被监视居住[②]，泉州市叶求生抢劫杀人案在检察院撤回指控后被监视居住[③]。尽管上述案例本应无罪释放，然而这种不得已的变相释放与持续的循环审判和长期羁押相比，对恢复无辜者自由所起的实际作用也不容否认。这再次说明，本文所提倡的建议具有现实意义。至于监视居住的场所，笔者认为在《刑事诉讼法》第 73 条框架内以被告人住处监视居住为宜，对无固定居所的也应指定条件稍好的旅店或近亲属住所。但值得注意，监视居住是非羁押性强制措施，其管理应从法律和诉讼策略上考虑(如警告或电子监控)，而不宜按羁押方式进行 24 小时看管。[④]

由于本文的资料和样本完整性有限，分析的准确性还需继续检验。错案是无法避免的客观问题，但明知错案而用发回重审相互推诿，明知羁押不当却不释放，这是不符合依法治国要求的。因此，为进一步保障无辜者的权利得以及时救济，笔者呼吁建立发回重审监督系统，探索疑错案件的报警机制。刑事司法需要警惕以违反法定程序为由发回重审，从而突破重审一次的限制。此外，司法机关须及时公布疑错案和纠错信息，这可彰显实事求是维护司法公正的精神。最高人民法院裁判文书网虽公布了有关刑事司法错误的国家赔偿文书，但有限的案例却主要是驳回申请或不予赔偿，这明显与每年的无罪裁判基数不符。[⑤]

错案并不可怕，也无须羞于承认，关键是以积极健康的心态去纠正错误。这

---

① 马静华:《公安机关适用指定监视居住措施的实证分析——以一个省会城市为例》,《法商研究》2015 年第 2 期;马静华、冯露:《监视居住:一个实证角度的分析》,《中国刑事法杂志》2006 年第 6 期;庄乾龙、李卫红:《监视居住制度改革得与失——兼评新〈刑事诉讼法〉第 73 条及相关规定》,《法学杂志》2014 年第 1 期;陈静芳:《监视居住强制措施应予废除》,《人民司法》2007 年第 17 期。

② 朱宁:《无辜者的噩梦 1098 天》,http://blog.sina.com.cn/s/blog_6113973c0100en7k.html,访问时间:2017 年 2 月 8 日。

③ 张林:《涉嫌抢劫被关九年 农民叶求生终获 35 万赔偿》,http://www.fj.xinhuanet.com/fzpd/2007-07/02/content_10455195.htm,访问时间:2017 年 2 月 11 日。

④ 马静华:《公安机关适用指定监视居住措施的实证分析——以一个省会城市为例》,《法商研究》2015 年第 2 期。

⑤ 例如,2017 年最高人民法院工作报告显示,有 656 名公诉被告人被宣告无罪,再审改判刑案也有 1376 件。然而,裁判文书网刑事赔偿案由中有关错误羁押、逮捕和拘留等文书在 2016 年只有几十份。

是监视居住得以合理运用的前置理念，否则，拒绝认错和拒绝纠错还会使强制羁押变成事实上的刑罚。正确认识发回重审的实质是程序倒流而非查清事实，上级法院应首先选择改判无罪，而不能仅从减轻办案负担角度单方面发回重审。即使必须发回重审，也应充分运用好刑诉法的新内容，用司法行动保护公民的合法权益。先前的错案显示，人民法院在司法审判中难免受各种因素影响，直接改判无罪无疑会面临阻碍。因此，司法解释明确肯定监视居住，可使一线司法人员顺利作出裁定，从而杜绝各种干扰的借口。早日在法律框架和诉讼程序内释放潜在无辜者，这是刑事正义的必然要求。[①]

（原载于《山东大学学报（哲学社会科学版）》2017 年第 5 期）

---

① 沈德咏：《我们应当如何防范冤假错案》，2013 年 5 月 6 日《人民法院报》。

刑事二审不开庭审理常态化现象透析与问题疏解

——以D省Z市中院为分析样本

田　源

在我国两审终审制的审级框架下，“刑事二审不仅是被告人最后的救济程序，也是最终确定判决法律效力的终审程序”①。刑事二审审理方式选用的得当与否，对裁判结果的最终走向起到至关重要的影响。《刑事诉讼法》在第223条规定了刑事二审案件以开庭方式审理的四种情形，除“其他应当开庭审理的案件”这一兜底条款之外，符合第（二）、（三）款“被告人被判处死刑的上诉案件”“人民检察院抗诉的案件”条件的刑事二审案件，基本都保证了开庭审理。但被告人、自诉人及其法定代理人依据该条第（一）款规定，对“第一审认定的事实、证据提出异议”的上诉案件，却屡屡遭遇“开庭难”。由于上诉案件在刑事二审案件中占有较大比例，刑事二审审理方式呈现不开庭常态化的现象。基于此，本文选取D省Z市中级人民法院② 2012～2016年间刑事二审案件审理方式适用情况为分析样本，透析不开庭常态化表象背后的综合诱因，并试图探寻一条刑事二审审理方式规范化运用的现实进路。

---

① 汪建成:《刑事审判程序的重大变革及其展开》,《法学家》2012年第3期。

② 基于对实证研究伦理的遵从和对司法工作保密性的尊重，文中选取的样本法院名称以英文字母编号代替。

一、刑事二审不开庭审理常态化之现状考察

笔者吸纳法国社会学家布迪厄(Pierre Bourdieu)的惯习(Habitus)理论①,借助司法统计、卷宗梳理、问卷发放、电话调查、集中座谈等调研手段,从客观、惯习、主观等三个维度切入,实现数据之间的彼此检验证伪,以期对研究样本作出相对科学的评估。

(一)刑事二审不开庭审理的总体状况

借助当前全国法院系统通用的《人民法院案件信息管理与司法统计软件》(1.8.9.9版本),对D省Z市中级人民法院2012~2016年刑事二审案件的相关数据进行测算(见表1),得出如下情况。

表1　2012~2016年D省Z市中级人民法院刑事二审案件审理情况　单位:件

年份	刑事二审全年结案数	刑事二审开庭审理案件数	刑事二审调查讯问审理案件数	刑事二审发回重审案件数	刑事二审开庭率
2012年	379	43	269	67	11.35%
2013年	406	51	281	74	12.56%
2014年	441	57	309	75	12.93%
2015年	497	66	349	82	13.28%
2016年	533	74	380	79	13.88%

1.刑事二审"开庭难"

2012~2016年,D省Z市中级人民法院共审结刑事二审案件2256件,以开庭方式审理的案件数为291件,仅占12.9%。采取阅卷加调查讯问方式审理的案件总数达1588件,占比70.39%,超过案件总数的2/3。长期以来,饱受学界诟病的"以案卷笔录为中心的调查讯问程序成为实质的二审裁判程序"②问题,并未得到实质性改观,平均开庭率始终在低位徘徊。同期,Z市中级人民

① Pierre Bourdieu, Loïc J. D. Wacquant, *An Invitation to Reflexive Sociology*, University of Chicago Press, 1992, pp. 167-169.

② 陈瑞华:《案卷笔录中心主义——对中国刑事第二审程序构造的重新考察》,项明主编:《刑事二审程序:难题与应对》,法律出版社2008年版,第16页。

法院发回下级法院重审的案件 377 件，无论案件总数抑或是每年案件数，均高于开庭审理案件数。《刑事诉讼法》第 225 条第(三)款赋予的发回重审权在部分二审法官手中得到“灵活”运用。在部分法官看来，相比于费时费力开庭审案，用一纸裁定将“烫手山药”推给下级法院，显然更为“高效”。综上，不开庭成为常态，开庭反倒变为例外。

2. 抗诉成为刑事二审开庭主由

从开庭程序的启动理由①来看，2012～2016 年，Z 市中级人民法院以开庭方式审理的 291 件刑事二审案件当中，基于检察院抗诉而启动的案件 163 件，占比 56.01%；基于被告人、自诉人及其法定代理人对第一审认定的事实、证据提出异议而开庭审理的 128 件，占比 43.99%。基于开庭率的视角作进一步观察，Z 市检察院近五年间共提起抗诉 163 件，全部依法开庭审理，开庭率达 100%。呈鲜明对比的是，Z 市中级人民法院近五年间共受理刑事上诉案件 2024 件，开庭率仅为 6.32%，绝大多数上诉案件均被以不符合“可能影响定罪量刑”要件为由，作不开庭处理。从数量上来看，尽管期间内抗诉案件数仅为上诉案件总数的 8.05%，但实际开庭率却高于因上诉而开庭的案件 12.02 个百分点。在较低的上诉案件开庭率的映衬下，抗诉案件开庭率一枝独秀，反倒成为刑事二审开庭审理的主要因由。同时，相较于对刑事二审案件的凡“抗”必开(庭)，被告人、自诉人及其法定代理人对“第一审认定的事实、证据提出异议”的久“诉”难开(庭)问题愈发凸显。具体数据见表 2。

表 2　2012～2016 年 D 省 Z 市中级人民法院刑事二审案件开庭情况　单位：件

年份	开庭审理案件总数	全年抗诉案件总数	因抗诉而开庭案件数	开庭率	全年上诉案件总数	因上诉而开庭案件数	开庭率
2012 年	43	27	27	100%	343	16	4.66%
2013 年	51	33	33	100%	359	18	5.01%
2014 年	57	29	29	100%	399	28	7.02%
2015 年	66	34	34	100%	446	32	7.17%
2016 年	74	40	40	100%	477	34	7.13%

① 由于死刑案件的二审管辖权归属于高级及以上法院行使，所选作分析样本的 Z 市中院不具有死刑案件的二审管辖权，故对该类型案件的审理方式选取问题在此不作赘述。

（二）刑事二审不开庭审理之法官惯习考察

案件卷宗是案件材料的天然载体，忠实记录了承办法官及合议庭其他成员的惯习司法行为。借助当前案件卷宗电子化的便利条件，通过《人民法院审判业务管理系统》（5.2.0版）软件，对D省Z市2012～2016年以不开庭方式审理的1588件刑事二审案件卷宗进行系统梳理，在此基础上得出相关数据。

1.讯问被告人流于形式

通过对D省Z市2012～2016年以调查讯问方式审理的1588件刑事二审案件卷宗的系统梳理发现，卷宗中均附有讯问笔录。可以推知，二审法官依法对被告人进行了讯问。但就讯问笔录内容来看，实际讯问效果难尽如人意。

基于讯问程序角度考量，仅有82份讯问笔录中显示法官将二审审理方式告知了被告人，但毫无例外地是单程化的告知，均未问询或听取被告人对审理方式的意见。基于讯问过程角度考量，有1071份讯问笔录的讯问环节过于简略，在告知被告人权利义务并简单问询其对一审判决的意见后就草草收场，更谈不上结合案情寻根溯源地问询相关证据或线索等实质性问题，占比为67.44%。基于讯问内容角度考量，有933份讯问笔录在包含诸如讯问时间、地点、讯问人、记录人等基本信息的情况下，尚不足两页（面），占比58.75%。其中，有84份讯问笔录仅有1页（面）。更为极端的是，有31份讯问笔录中对被告人上诉理由的记录，仅有“不服一审”四个字，极尽俭省之能事。基于笔录制作角度考量，有404份讯问笔录中合议庭成员签字极不规范，尽管记录显示是两名以上办案人员共同参与了讯问，但签字笔迹明显是一人所为。更有73份讯问笔录的增删、涂改处未按要求由被告人捺印确认。

表3　2012～2016年D省Z市中级人民法院刑事二审案件讯问情况

类别 / 案数	讯问过程方面		讯问内容方面		笔录制作方面		讯问程序方面	
	合乎规范	存在问题	合乎规范	存在问题	合乎规范	存在问题	合乎规范	存在问题
N=1588件	1071	517	933	655	477	1111	82	1506

2.对不开庭审理的原因解释不足

所抽样调查的1588份以不开庭方式审理的刑事二审裁判文书中，普遍对审理方式的适用理由缺乏充分的解释说明。在文书首部的开庭审理情况部分,1192份文书基本套用“经过阅卷、讯问上诉人,认为本案事实清楚,决定不开庭审理”这一通用文本,占比75.06%,表述的模板化现象十分严重。其余396份裁判文书则并未交代审理情况,仅以“现已审理终结”一言以蔽之。在裁判文书说理的核心区域“本院认为”部分,对于被告人、自诉人及其法定代理人就第一审认定的事实、证据提出异议不“影响定罪量刑”这一拒不开庭的理由普遍疏于交代。为便于量化统计,笔者将1588份裁判文书的“本院认为”部分的字数分为100字以下、100~200字、200~300字、300字以上四个档次。其中,字数在100字以下的512件,占32.24%;字数在100~200字的711件,占44.77%;字数在200~300字之间的231件,占比14.55%;300字以上的最少,只有134件,占8.44%。诚然,文书说理的透彻与否和字数的多少没有必然的联系,但至少从一个侧面反映问题。其中,有179份裁判文书中,仅仅将上诉人据以上诉的理由“一审证据不清楚,事实不充分”,改为“原审判决认定事实清楚,证据确实、充分”,再无其他解释,这显然难以让当事人和社会公众信服。

表4　2012~2016年D省Z市中级人民法院抽样文书“本院认为”部分字数

类别 案数	100字以下		100~200字		200~300字		300字以上	
	数量	占比	数量	占比	数量	占比	数量	占比
N=1588件	512	32.24%	711	44.77%	231	14.55%	134	8.44%

(三)各参与主体对刑事二审不开庭审理的主观认知

为了解刑事二审不开庭审理各方参与主体的主观认知,特选取法官和律师两大群体作为抽样人群。

1.法官群体的主观认同

通过发放调查问卷,就Z市中院的23位[①]刑事法官关于二审审理方式适用的认知情况进行了调查。在刑事二审审理方式的主观倾向性方面,16位法官倾向于不开庭审理,3人倾向于开庭审理,其余4人不存在倾向性。关于开庭前是否告知当事人和其他诉讼参与人审理方式方面,14位法官表示习惯于

① Z市中级人民法院共有23位承担刑事二审审判职能的法官。其中,刑一庭有法官5人,刑二庭有法官4人,刑三庭有法官3人,少年审判庭有法官4人,审监一庭有法官4人,审监二庭有法官3人。

不予告知，5 位法官表示当被问及才告知，仅有 4 位法官表示会一律告知，多达 19 位法官并不赞成提前告知二审审理方式。在谈及原因时，有 12 位法官表示担心提前告知不开庭容易引发当事人不满，有 7 人认为不告知开庭方式可省去不必要的麻烦。类似有学者指出的“法官对案件的裁决根本不是通过当庭审判作出，而是靠庭后阅卷加上调查核实活动作出”[①]的现象仍较为普遍。

2012～2016 年 D 省 Z 市中级人民法院刑事法官

表 5　　对二审不开庭审理的认知

类别 / 案数	主观倾向性			庭前是否告知审理方式		
	倾向不开庭	倾向开庭	无倾向性	习惯不告知	被问及才告知	一律告知
N=23 人	16	3	4	14	5	4

2. 律师群体的主观认知

随机抽取了五年间有律师代理的刑事二审不开庭审理案件 100 件（每年各 20 件），并先后与代理律师进行了电话调查。除 9 人拒绝发表意见外，有 91 人配合接受了电话调查。其中，有 64 人表示未被提前告知审理方式，占比 70.33%；有 59 人表示未曾得到关于刑事二审不开庭审理的解释说明，占比 64.84%。“一般情况下，公正的程序比不公正的程序能够产生更加公正的结果。”[②]反之，程序上的瑕疵甚至缺失必然会引发对司法公正的怀疑和不信任。有 67 人表示对刑事二审以不开庭方式审理不满意或不太满意，占比 73.63%。更为关键的是，有 52 人表示审理方式的适用对裁判结果的接受度产生影响，占比 57.14%，超过了半数。

2012～2016 年 D 省 Z 市部分代理律师

表 6　　对刑事二审不开庭审理的评价

类别 / 案数	是否提前被告知审理方式		是否得到不开庭原因解释		对审理方式适用的满意度			是否对裁判结果接受度产生影响	
	是	否	是	否	满意	不太满意	不满意	是	否
N=91 人	27	64	32	59	24	34	33	52	39

---

① 陈瑞华：《近年来刑事司法改革的回顾与反思》，《国家检察官学院学报》2008 年第 1 期。

② Pops G M, Pavlak T J, *The Case for Justice*, Jossery-Bass Publishers, 1991, p. 85.

二、刑事二审不开庭常态化的法治弊害

刑事二审不开庭常态化现象由来已久,之所以长期以来被漠视甚或放任,源自于对其法治弊害的认识不足。科学辨识不开庭常态化的法治弊害和以开庭方式审理的应然价值,是破除这一沉疴痼疾的先决条件。

1.不利于宪法法律权威的维护

审判公开原则是我国《宪法》所确立的一项重要原则。我国《宪法》第 125 条规定,除“法律规定的特别情况”之外,均应当一律公开进行。我国《刑事诉讼法》第 11 条规定:“除本法另有规定的以外,一律公开进行。”可见,我国《宪法》和《刑事诉讼法》均作出了“法不禁止即开庭”的规定。实践中,刑事二审案件应当开庭而不开庭或选择性开庭的做法,明显与宪法、法律的相关规定背道而驰。同时,我国《刑事诉讼法》第 222 条确立了刑事二审的全面审查原则,《刑诉法司法解释》第 315 条更是对上诉、抗诉案件应当着重审查的八项内容作出了细化规定。然而,无论是书面审查抑或是调查讯问,都难以实现对一审的事实认定和法律适用等内容的全面审查。

2.不利于案件事实、证据的查明

以不开庭方式审理刑事二审案件,虽然也能通过阅卷或调查讯问了解案情、查明事实,但这种单方、间接的书面审理方式,“控辩双方无法在一个中立的法官面前阐明自己的观点,法庭上的平等对抗更无从谈起”[①],合议庭很可能忽略某些影响案件裁判的关键情节。更为关键的是,绝大多数刑事二审案件,除承办法官之外的其他合议庭成员普遍不亲自参与讯问或听取意见,对基本案情的了解和对证据事实的认定,往往靠听取承办法官的口头转述。一方面,承办法官业务能力水平参差不齐,一旦未对案件事实和证据作出客观公正的理解认定,很可能以讹传讹,对合议庭其他成员造成误导。另一方面,受个人表达能力、时空条件等客观因素限制,口头转述很可能会漏掉一些关键细节,对合议庭查清案件事实不利。同时,合议庭其他成员仅凭对卷宗材料的粗略翻阅,不敢轻易发表与承办法官观点相左的意见,客观上造成了合议制运行的“形合实独”。

---

① 王君炜:《刑事二审审理方式的改革与完善》,《中国社会科学院研究生院学报》2013 年第 1 期。

3.不利于合法诉讼权利的保障

我国《刑事诉讼法》第14条明确要求:“应当保障犯罪嫌疑人、被告人和其他诉讼参与人依法享有的辩护权和其他诉讼权利。”然而,刑事二审不开庭的常态化现象无疑背离了这一立法初衷。第一,难以获得平等影响裁判结局的机会。以不开庭方式审理,客观上剥夺了部分当事人和其他诉讼参与人向法官直陈自身观点的宝贵机会以及其他诉讼权利。第二,当事人和诉讼参与人难以同时参与诉讼。以不开庭方式审理,无法保证诉讼参与人在各方同时到庭的情况下阐明各自观点,也不能传唤证人、鉴定人等出庭作证,诉讼固有的对抗性和交互性无从体现。第三,难以行使证据质证和观点辩论等基本诉权。以不开庭方式审理,难以实现对证据的当庭质证辩论。仅凭法官阅卷及调查讯问得出的关于证据真实性、合法性、关联性等要素的认定,无疑是难以令人信服的。加之,法官了解案情和证据往往要借助于对原审案卷材料的反复推敲,但这种对一审法官“一面之词”的耳濡目染,很容易让二审法官先入为主。一方面,原审案卷内容未必都是真实可靠的;另一方面,其所记载的事实和证据,恰恰是上诉人极力反对,并希冀通过二审开庭来推翻或否定的。由此,以不开庭方式审理案件的裁判结果,与当事人的心理预期之间往往存在较大差异,且容易引发对程序合法性和对结果公正性的质疑。

4.不利于对公平正义的感知

“公民个人和社会对二审的期望值往往高于一审,因为它是对司法结论的再次审查,是审判更权威的体现。”①相当比例的当事人之所以提起上诉,就是自认为在一审中受到不公正对待,期待在二审庭审时能当庭“鸣冤”,由二审法官为其“昭雪”。相较于以开庭方式审理的刑事二审案件,以不开庭方式审理,程序较为简单,纪律相对松散,且缺乏必要的司法威仪,这与当事人和诉讼参与人的理想图景之间往往存有较大落差。尤其部分既不开庭审理,又不给任何解释的做法,更是让被告人有“人在监中坐,判决天上来”之感,不利于其认罪和服刑改造。以不开庭方式审理的案件,即便事实证据认定无可指摘、最终裁判结果合法公正,也难免会因审理过程的不公开、不透明,导致二审法官乃至法院被贴上诸如“暗箱操作”“官官相护”的具象化标签。

刑事二审不开庭常态化现象暴露出的诸多弊病,从反面证明了以开庭方

---

① 杨明:《论刑事二审程序的完善》,《江苏行政学院学报》2004年第4期。

式审理刑事二审案件所具有的价值与意义。第一,这是对宪法、法律规定的遵循。毋庸置疑,以开庭方式审理刑事二审案件符合宪法、法律“法不禁止即开庭”的相关规定,也有助于实现对一审案件事实、证据及法律适用等要素的全面审查。第二,有助于查明案件事实、证据。相比于不开庭审理方式,开庭审理为发现事实真相提供了可对质、可辩争的较优环境。控辩双方之间对抗,有助于更好地查明案件事实、辨析证据真伪,二审刑事法官借此方能作出客观公正的裁决。第三,有助于强化对诉讼权利的保障。以开庭方式审理,当事人和其他诉讼参与人可以充分行使证据质证和观点辩论等基本诉权。不仅可以亲自、同时参加诉讼,当庭发表对一审认定事实和量刑的意见,还可对公诉方的观点做出回应,有助于保障当事人合法诉权,防范冤错案件的发生。第四,有助于公平正义的感知。以开庭方式审理刑事二审案件,使得当事人和诉讼参与人充分行使了质证权、辩护权等诉讼权利,确保了审判过程以当事人和社会公众“看得见的方式”进行。即便二审法官作出了维持原判或未达上诉人心理预期的裁判结果,当事人也会因为有机会当庭见证案件审理、充分表达自己的意见,而“感觉到法院的裁判是审慎的、认真的、理性的……无疑可以增强司法裁判的可接受性和权威性”[①]。

三、刑事二审不开庭审理常态化的综合诱因

刑事二审案件不开庭常态化的问题为学界所长期关注[②],却始终悬而未决。这当中,既有主体多元、问题繁复等客观因素,更有对滋生原因辨识不清的主观原因。对刑事二审案件不开庭常态化现象的综合诱因作出科学辨识,是对症下药化解问题的必备前提。

1. 法律条文的粗疏让不开庭有了“法律依据”

修订后的《刑事诉讼法》在二审审理方式的适用方面有所进步,但依然赋予法官较多的自由裁量权。一方面,将应否“开庭”的判断标准取决于是否存在影响定罪量刑的“可能”,相较于修法前“事实清楚”的要件更为含混模糊。法官可在遵循“法律依据”的前提下,自主决定是否开庭审理刑事二审案件。

---

① 王超:《刑事上诉程序的纠纷解决功能——以三审终审制为背景》,《政治与法律》2008 年第 2 期。

② 依据中国知网数据检索,涉及刑事二审审理方式的文献,最早可追溯到 1987 年苗学君教授在《河北法学》1987 年第 5 期上刊发的《浅谈刑事第二审程序的直接开庭审理方式》一文。

另一方面,《刑事诉讼法》第223条第(四)款规定的"其他应当开庭的情形",则为法官决定开庭审理部分二审案件预留了方便之门。

2.主观认知的偏差让不开庭成为法官惯常做法

对审理方式价值的认知判断,是驱使法官做出开庭或不开庭选择的内因。为进一步探究法官关于刑事二审审理方式适用的认知情况,笔者特召集前期调查中倾向于不开庭审理的16位一线刑事法官集中座谈。其中,有3位法官认为刑事二审案件的上诉人普遍空有辩解理由,而缺乏证据证实,一般不会给事实认定或法律适用造成实质的影响,如若开庭经常会导致程序空转。有2位法官认为二审案件的相关证据基本都在一审开示,即便开庭审理,对于事实和证据认定的效果也十分有限,远不如庭外调查方式来得更为直接。更有11位法官直言不讳地表示,之所以倾向于以不开庭方式审理刑事二审案件,更多的是出于对审判效率的青睐,该批法官占比多达68.75%。恰如波斯纳(Richard Allen Posner)所指出的,"实践理性是一种方法论,法官用它来决定如何行动"[①]。多数法官将开庭视为一件看起来漂亮但并不实用的"昂贵首饰",进而寻求各种理由或借口以达到"能不开庭就不开庭"的目的。究其根源,既有对开庭价值功用认知不足的因素,也有在公正与效率的取舍中出现偏差的原因。任何以牺牲公正为代价来而换取效率的做法,都是与现代司法文明和法治理念相背离的。

3.案多人少的压力让不开庭成为现实需求

当前,我国早已步入"诉讼社会"[②],尤其随着立案登记制的全面落实,案件量更是呈井喷式增长,本就异常严峻的案多人少局面进一步加剧。面对日渐沉重的办案压力,二审法官极易作出不开庭的选择。第一,不开庭审理更为高效便捷。刑事二审审限相对较短,暂不考虑疑难复杂案件需提交审判委员会讨论的情形,仅仅是完成庭前准备、文书送达等必要步骤,就会很快"用尽"审限。相比动辄花费半天甚至一两天时间的开庭审理,不开庭审理可以省去诸多"不必要的麻烦",因此广受青睐。第二,办案人员数量有限。以开庭方式审理刑事二审案件,依法"应当组成合议庭"。刑事二审法官数量相对有限,为组成合议庭,不得不经常去民庭、商庭或行政庭"搬救兵",案件庭审及事后合议

---

① [美]理查德·A·波斯纳:《法理学问题》,苏力译,中国政法大学出版社2002年版,第92页。

② 张文显:《现代性与后现代性之间的中国司法——诉讼社会的中国法院》,《现代法学》2014年第1期。

效果自然会大打折扣。第三,业绩考核标准的负面引导。当前,法官办案数量、结案周期等指标依然在各级法院的绩效考核体系中占有较大权重,部分地方法院对法官业绩的评价更是"只论个头不论个数"①。基于此,法官容易从效益最大化的角度出发,选择"性价比"更高的不开庭方式来审理案件。

4. 司法场域的约束让不开庭成为"最优选项"

皮埃尔·布迪厄(Pierre Bourdieu)的场域(field)理论指出:"既定的司法场域将对可能的行为范围和司法解决办法作出限制。"②实践中,置身于特定司法环境中的刑事二审法官,其行为趋向极易在舆论、安全、改革等复合环境因素的共同作用下发生逆变。第一,社会舆论压力。信息化时代新媒体工具的全民普及,使得法官任何一点微小的举止不端、行为不当,都将被置于放大镜之下品评。不仅责任法官难辞其咎,涉事法院同样会深陷舆论漩涡饱受公众诘责。有鉴于此,部分对舆论媒体畏之如虎的法官,抱持"鸵鸟心态",期望通过减少与当事人会面次数,来降低被舆论媒体关注和炒作的几率,甚至不惜以牺牲程序正义为代价。第二,执业安全压力。受区域经济社会发展不平衡现实国情的客观影响,局部地区法院的法官执业安全保障尚有待强化,尤其一线法官容易受到来自外界势力的侵害或威胁。2016 年 2 月,北京昌平区人民法院马彩云法官遭枪击一案,更是给一线法官带来了巨大的心理负担。越来越多的刑事二审法官开始有意识地减少与当事人的接触几率,试图以"不正面接触"来避免"发生摩擦"或"遭人记恨"。有鉴于此,以不开庭方式审案自然成为最佳选项。第三,员额遴选压力。司法责任制改革关涉到被法官视为安身立命之本的审判资格,时刻牵动着入额遴选法官的敏感神经。面对改革大考,任何一点工作瑕疵都有可能被放大为遴选中的劣势,甚至直接左右最终的入额遴选结果。基于此,很多法官秉持"不求有功,但求无过"的保守思想,希望通过少办几件案件,少走几步诉讼程序,少发生几次与当事人之间的接触,避免因"临场犯错"而影响入额。

基于上述考量,在开庭与否的法定条款极富"弹性"的情况下,自然很少有法官主动去走"开庭"这根风险系数较高且并不易于出彩的"钢丝"。

① 田源:《案不患多而患不均——以 D 省 A 县法院为样本探寻审判工作量均衡化的实现路径》,《山东审判》2012 年第 3 期。

② [法]皮埃尔·布迪厄:《法律的力量——迈向司法场域的社会学》,强世功译,《北大法律评论》1999 年第 2 卷第 2 辑,第 500 页。

四、刑事二审不开庭审理常态化问题的疏解思路

刑事二审不开庭审理常态化现象固有的长期性、复杂性，昭示了问题绝非是简单地由“不开庭”到“开庭”就能解决的。任何“头疼医头、脚疼医脚”式的措施都无异于扬汤止沸，唯有因循问题本源，施以一套系统化的解决方案方能破除沉疴。

1. 认知纠偏，培塑对审理方式价值的理性辨识

“司法实践的理性过程不是排除法官偏好的过程，而是对法官偏好关系的塑造与坚守过程。”[①]纠正部分法官关于刑事二审审理方式适用领域认知上的偏差，对开庭价值效用的科学认知，是刑事二审审理方式正确适用的必备要素。建议从三个维度来展开：

其一，对价值位阶的理性排序。刑事二审程序的设立目的，即用以弥补罗尔斯话语体系中的“不完善的程序正义”[②]。诚然，以不开庭方式审理在人力、物力损耗以及时间效率上更具优势，但“在法律领域中，效率作为一种实用性价值，不仅不是唯一价值，而且在低于‘公正’价值的较低层面上”[③]。当处在不同位阶的法的价值发生冲突时，在先的价值理应优于在后的价值。

其二，对庭审价值的准确辨识。当前，“以审判为中心”诉讼制度改革正在强力推进。所谓“以审判为中心”，即“确认指控犯罪事实是否发生、被告人应否承担刑事责任应当由法官通过审判进行”[④]。刑事二审不开庭审理常态化现象恰恰映射出这一理念在法官群体中的缺失。培植“以审判为中心”的司法理念，有助于扭转部分刑事二审法官“不重庭上重庭下”的错误认识，改变“只审卷宗不审人”[⑤]的司法现象。

其三，对开庭范围的理性认知。倘若对刑事二审案件全部开庭审理，在短期之内，无论是二审法官抑或是公诉人员都将面临难以承受之重。可以预见的后果有两个：一是审理期限的一延再延，部分案件久拖不判，审判效率被严

---

① 丰霏：《论法官的裁判选择》，《法律方法》2015 年第 3 期。

② [美]约翰·罗尔斯：《正义论》，何怀宏、何包钢、廖申白译，中国社会科学出版社 1988 年版，第 86 页。

③ 卞建林：《中国司法制度基础理论研究》，中国人民公安大学出版社 2013 年版，第 43 页。

④ 卞建林、谢澍：《“以审判为中心”视野下的诉讼关系》，《国家检察官学院学报》2016 年第 1 期。

⑤ 马贵翔、王秋荣：《关于刑事上诉审程序简化的思考》，《甘肃政法学院学报》2011 年第 2 期。

重削弱;二是盲目追求办案效率,导致办案质量滑坡。无论何种后果,都将对司法的权威性和法院的公信力造成戕害。“一项符合经济效益要求的刑事程序必须确保司法资源的耗费降到最低程度,同时使最大量的刑事案件尽快得到处理。”[①]以“全部开庭”为内容的休克疗法来治愈刑事二审审理方式顽疾,其代价是沉重的,也是司法机关和社会各界难以承受的。相比之下,对刑事二审案件开庭比例的逐步扩大无疑更为务实。

2.立法优化,规范刑事二审审理方式适用的相关法规

博登海默指出:“法院的司法判决是由法官的情绪、直觉的预感、偏见、脾气以及其他非理性因素决定的。”[②]一套科学完善的立法不仅能让司法行为有据可查、有法可依,更能将法官的自由裁量权限定在合法、合理的范围之内。

第一,建议对我国《刑事诉讼法》第223条第一款“可能影响定罪量刑”的具体适用作出明确规定。首先,明确判断主体。鉴于判断是否属于“可能影响定罪量刑”范围系刑事二审的审前程序,其判断主体宜与审判主体相一致,即合议庭。建议从立法上将判断主体限定为合议庭而非承办法官,以便在确保判断结果公正权威的同时兼顾效率。其次,建议对“可能影响定罪量刑”的情形逐项列举,使相关条文更具有可操作性。对具备“对第一审认定的事实、证据提出异议”情形,且符合“可能影响定罪量刑”具体情形的刑事二审案件,一律以开庭方式审理。

第二,建议在我国《刑事诉讼法》第223条及其司法解释第324条中“应当讯问被告人,听取其他当事人、辩护人、诉讼代理人的意见”之后补充规定:“对符合开庭审理条件的,应当开庭审理;对不符合开庭审理条件的,裁定驳回变更审理方式的申请,并作出充分解释”。以裁定形式驳回,既为解释说明创设了书面载体,又体现了司法的权威性及对当事人、其他诉讼参与人的应有尊重。

第三,待司法人员、资源等客观条件成熟后,建议我国《刑事诉讼法》新增一条,对二审不开庭审理的情形作出明确规定,列举出依法可以不开庭的“特别情况”。结合立法精神和司法实践,应包括如下情形:其一,一审适用简易程序审理的刑事二审案件,经二审合议庭审查认为事实清楚、证据充分的。其二,仅就法律适用或量刑提出上诉,对一审事实、证据认定无异议的。其三,符

① 陈瑞华:《刑事审判原理论》,北京大学出版社1997年版,第44页。

② [美]博登海默:《法理学——法律哲学与法律方法》,邓正来译,中国政法大学出版社2010年版,第150页。

合我国《刑事诉讼法》第225条第三款“原判决事实不清楚或者证据不足的……也可以裁定撤销原判，发回原审人民法院重新审判”情形的。在此基础上明确规定，“除上述情况外，一律开庭审理”，彻底变以往刑事二审开庭的弹性操作为立法上的刚性规定。

3.分档赋值，设置审理方式适用的量化标准

建议通过对与审理方式适用密切相关的核心要素予以分档赋值，将法官或合议庭的裁量权规制于合理区间内，避免法官对审理方式选择权的专断。具体可设置如下要素：

第一，事实（Fact，简称F），即被告人、自诉人及其法定代理人对第一审认定的事实提出异议的，按照一审案件事实清楚程度，划分为事实清楚、事实基本清楚、事实不清三个档次，分别对应F1、F2、F3。

第二，证据（Evidence，简称E）即被告人、自诉人及其法定代理人对第一审认定的证据提出异议的，根据一审案件事实划分为证据确凿充分、证据基本确凿充分、证据不足等三个档次，分别对应E1、E2、E3。

第三，影响（Influence简称I），即就第一审认定的事实、证据提出异议，对案件定罪量刑的影响程度，分为无影响、有一定影响和有较大影响三个档次，分别对应I1、I2、I3。

第四，关注（attention，简称A），即就案件的受关注程度，划分为社会关注度较低、具有一定社会关注度、具有较高社会关注度等三个档次，分别对应A1、A2、A3。

事实（F）、证据（E）、影响（I）、关注（A）等要素均可划分为三个不同档次。通常情况下，档次越高则以开庭方式审理的必要性则越大，即F3＋E3＋I3＋A3情况出现时，最应以开庭方式审理。但也不能就此认定F1＋E1＋I1＋A1的情况下就必然无开庭价值。出现此类情形时，还应考量其他因素（Other，简称O）这一机动选项。其他因素即倘若出现原审违反法律规定的诉讼程序或审判人员有贪污受贿、徇私舞弊、枉法裁判行为的情形，即便某单一项目或综合项目的分值较低，同样应以开庭方式审理。

4.节点管控，优化刑事二审案件审理方式的适用流程

实践中，刑事二审案件审理方式的选用权，事实上由法官享有。这一权力的恣意滥用，直接导致了当前刑事二审案件不开庭常态化现象。有鉴于此，建议变法官对审理方式的个人决策为节点流程管控，进一步规范刑事二审审理

方式的科学适用。

第一步,立案阶段初审。由立案部门在对刑事二审案件统一受案后,通过审查上诉材料和一审裁判文书,对审理方式的适用作出初步判断,并提出是否开庭审理的建议。对于部分经初步审查暂时难以判断或标准相对模糊的案件暂时归为开庭范畴,并将相关判断和建议移交给案件繁简分流评定小组。

第二步,评定小组复审。当前司法责任改革进程中,各级法院都普遍存在相当比例的资深法官因保留领导职务或年龄超限等因素被迫退出员额遴选。该批法官尽管未能入额,但其丰富的审判实践经验并不逊于员额法官。建议从中选取 3～5 名资深法官(以具备 10 年以上刑事审判经验为宜)组成案件审理方式评定小组,由分管刑事审判的院领导任组长,按照前述的事实(F)、证据(E)、影响(I)、关注(A)等要素档次标准,对立案庭移交的案件进行逐案复审。重点排查立案阶段开庭与否的标准划分是否得当,以及所作出的审理方式建议是否合理,相关分类结果移交给相应刑事业务庭室。

第三步,业务庭室分案。建议由相对固定的刑事审判庭室领导在对案件繁简、难易以及是否开庭等因素作综合考量的基础上,对不同案件进行具体分配。在实现案件繁简分流的同时,确保庭室内部法官案件工作量的相对均衡。

第四步,庭前会议沟通。庭前会议制度"将秘密、单方的行为'摆到桌面上来',并纳入控辩直接对抗的框架之中,彰显了程序的公正"[①]。尽管刑诉法及其司法解释关于庭前会议的规定针对的是刑事一审,但有学者提出:"从理论上来说,二审程序参照第一审程序进行,如果二审案件符合庭前会议的适用范围,也应组织召开庭前会议。"[②]一些地方法院也相继出台了鼓励在刑事二审过程中适用庭前会议制度的规范性文件,取得了良好适用效果[③],并得到了部分检察机关办案人员的认同。[④] 建议对符合庭前会议适用标准的刑事二审案件,

① 汪建成:《刑事审判程序的重大变革及其展开》,《法学家》2012 年第 3 期。

② 闵春雷、贾志强:《刑事庭前会议制度探析》,《中国刑事杂志》2013 年第 3 期。

③ 如上海市第一中级人民法院与上海市人民检察院第一分院共同制定《关于庭前会议的实施办法(试行)》,为庭前会议的开展提供了一套规范细致的操作指引(参见潘静波:《上海一中院规范庭前会议操作流程》,2014 年 4 月 16 日《人民法院报》)。浙江省宁波市中级人民法院出台《关于刑事案件庭前会议的若干规定(试行)》,第 16 条明确规定,该市两级法院第二审刑事案件适用庭前会议制度(http://www.lawtime.cn/article/lll2905112291020600378725,访问时间:2017 年 3 月 3 日)。

④ 赵鹏:《庭前会议可以协调刑事二审检辩关系》,2013 年 3 月 6 日《检察日报》。天津市人民检察院第二分院通过规范二审环节庭前会议流程,大大提升庭前会议效率(参见王婷婷:《天津市人民检察院第二分院制定有力措施规范二审环节庭前会议的流程》,http://www.022net.com/2013/8－16/482564262914420.html,访问时间:2017 年 3 月 5 日)。

参照一审组织控辩双方参与庭前会议，并将案件审理方式的适用纳入会议议题。对不开庭的理由及不采纳上诉人或辩护人意见的原因做出解释，让当事人及其他诉讼参与人“开庭开的清楚，闭庭闭的明白”。

（原载于《山东大学学报（哲学社会科学版）》2017 年第 5 期）

民事诉讼法实证分析

民间借贷案件适用小额诉讼程序的实证分析

康娜　董国经

2013年《民事诉讼法修正案》在"简易程序"一章中以唯一独立条款形式增加了关于小额诉讼的规定[①]，其后，各地法院也纷纷出台关于适用小额诉讼程序审理民事案件问题的意见，其适用条件中均把单一金钱给付之诉的借款合同纠纷作为可以适用小额诉讼程序的案件类型。民间借贷案件作为典型的纯金钱给付案件，将成为小额诉讼程序的主要适用对象。但新法实施以来的实践表明，适用小额诉讼程序裁判的案件数量还非常少。其原因为何，是否可以改变这一困局，都将引人深思。目前法学界对民间借贷的研究视角主要围绕实体问题，针对程序问题的研究基本处于空白状态。学者对小额诉讼程序的研究主要集中于介绍外国经验、论证小额诉讼程序的法理基础、分析在我国建立小额诉讼程序的必要性，虽有程序方面的初步构想，却鲜有司法实务中具体适用小额诉讼程序的深入探讨，遑论小额诉讼程序在民间借贷案件中的适用。因此，深入研究小额诉讼程序在民间借贷案件中的适用，不仅有利于及时化解急剧增多的民间借贷纠纷，还可以为推动小额诉讼程序在司法实践中的运用提供指引。

为此，本研究收集了陕西省神木县法院网在2013年11月8日之前公布的所有民间借贷案件的判决书，共计362件，均在2013年审结。在2001～2011

① 我国《民事诉讼法》第162条规定："基层人民法院和它派出的法庭审理符合本法第一百五十七条第一款规定的简单的民事案件，标的额为各省、自治区、直辖市上年度就业人员年平均工资百分之三十以下的，实行一审终审。"

年期间,煤炭价格连年攀升,神木县因丰富优质煤炭资源而从省级扶贫重点县而跃升为全国百强县。然而,随着2012年煤炭价格下行,煤矿停产,煤炭产业链资金断裂,神木民间借贷崩盘,民间借贷案件陡增。因此,选取神木县在2013年审结的民间借贷案件作为样本,具有典型意义。本文计划从实证的角度,对陕西省神木县民间借贷案件进行统计分析,以此为基础论证民间借贷案件适用小额诉讼程序的意义与可行性,随后进一步探究司法实践适用小额诉讼程序较少的主要原因,最后提出民间借贷案件适用小额诉讼程序的路径改善和制度构建。

一、民间借贷案件适用小额诉讼程序的意义

我国小额诉讼制度所体现的价值理念有别于普通程序,"简便、迅速和经济"是小额诉讼程序设立的价值所在。适用小额诉讼程序,可以使近年来急剧增长的民间借贷案件快速审结,解决诉讼拥堵问题;它使当事人的诉讼费用与其诉求金额相匹配,从而保障当事人利用诉讼制度的平等性。另外,它亦能增强民事纷争审判程序的设置与案件类型的适应性,实现有限司法资源的效益最大化。

1.有利于解决民间借贷案件的诉讼拥堵问题

2013年《民事诉讼法》对小额诉讼程序的规定,目的之一就是为了解决我国案多人少、诉讼拥堵这一长期以来的严峻司法现实问题。在诉讼拥堵方面,民间借贷案件表现尤为突出。海量的诉讼给法院的审判执行工作带来了巨大压力,如何解决案多人少的矛盾已经成为法院面临的重要问题。小额诉讼程序从立案、送达到庭审方式、审理期限等都较简易程序更加灵活、快速,有利于法院尽快解决案情简单的民间借贷案件,减少法院的工作量。在案件总量不变的情况下,较短的审理期限必然使相同时间内审结的案件更多。小额诉讼程序快捷、简便的程序特点,提高了诉讼效率,这点已被实践证明,从小额诉讼程序开始实施之后,就不断出现关于小额诉讼程序快速解决纠纷的报道。①

① 陈芳、张鑫伟:《白塔镇:庭审不到10分钟——仙居首例小额诉讼只用两天就结案》,2013年1月25日《台州晚报》;龚袁晓、江龙:《内江11天审结当地首例小额诉讼案件》,2013年1月18日《华西都市报》。

2.有利于降低当事人诉讼成本

小额诉讼程序的价值在于“弥补正式司法在便民诉讼方面的缺陷”[①]。当事人在起诉前会进行一系列的成本收益分析。只有诉讼的预期收益大于因此付出的成本时,追求经济利益的当事人才可能决定起诉。成本既包括参加诉讼造成的人、财、物、时间等资源的耗费,更包括为参加诉讼所必须放弃的机会成本。如果诉讼程序过于复杂,当事人在经过各方权衡之后往往会放弃诉讼,只会使得当事人的诉权在“诉讼前成为有名无实”[②]。民间借贷案件的借款数额从几千元到几百万元不等,如本文统计的案件中,标的额最少为6000元,最高达到600万元,平均值为71.2万元,而标的额小于或等于1万元的仅占3.03%。对于标的额为几千元的债权人来说,如果诉讼程序过于繁琐,当事人可能会考虑放弃诉讼方式而采取其他方法(如非法拘禁债务人或暴力催债等方式)。小额诉讼程序降低了当事人的金钱成本和时间成本,有利于引导当事人通过诉讼方式解决问题。一方面诉讼费用比简易程序低,当事人也通常不用请律师协助诉讼进程,节约了金钱成本;另一方面,小额诉讼程序减少了程序的冗杂度和当事人的诉讼等待时间,各地高院普遍规定在一个月内审结,大大减少了审理案件的时间成本。

3.有利于合理配置司法资源

不同性质、不同类型、不同特点的纠纷使用不同的处理程序,可以真正实现诉讼程序与被解决纠纷规模相适应。简单案件使用相对简便、快捷的程序,而重大、复杂的民事案件则使用相对复杂的程序,可以实现司法资源的优化配置。民间借贷案件中的简单民事案件,如果仍适用复杂程序,就会挤占本已稀缺的司法资源,不免有“杀鸡用牛刀”的感觉,对有限的司法资源是一种浪费。用最简便的程序,把大量的小额简单案件处理掉,在司法资源与民众的司法需求冲突的条件下,使普通程序的正当化获得现实可能性,“这可以说是现代国家普遍遵循的原则”[③]。因此,对民间借贷案件适用小额诉讼程序是合理配置司法资源的要求。

① 傅郁林:《小额诉讼与程序分类》,《清华法学》2011年第3期。

② 潘剑锋、齐华英:《试论小额诉讼制度》,《法学论坛》2001年第1期。

③ 章武生:《我国民事简易程序的反思与发展进路》,《现代法学》2012年第2期。

二、民间借贷案件适用小额诉讼程序的可行性

从司法实践来看,在众多民间借贷案件中,虽然有些案件相当复杂,牵扯多方利益,甚至刑民交错,但是还有相当一部分发生于个人之间的民间借贷案件,具有纯金钱给付、事实清楚、权利义务关系明确、争议不大的特点,具备适用小额诉讼程序的可行性。

1. 民间借贷案件以纯金钱给付案件为主

从各省高院意见以及随后最高人民法院出台的司法解释的规定来看,法院普遍将纯金钱给付案件作为适用小额诉讼程序的前提条件。民间借贷案件绝大部分符合纯金钱给付案件的要求。在本文统计的案件中,98.9%的案件诉讼请求仅包括金钱给付;仅有1.1%的案件因为有财产担保,债权人除要求金钱给付外还要求行使抵押权。此外,按照《民事诉讼法》第162条的规定,确定的标的额是小额诉讼程序的启动前提。民间借贷案件的标的数额在起诉时具体明确,大多数从起诉状中即可判定,即本金加利息之和。这一特征使得法院在受理案件时,可以迅速根据标的额作出判断是否符合小额诉讼程序的适用标准,方便快捷。

2. 民间借贷案件符合“事实清楚、权利义务关系明确、争议不大”的小额诉讼程序适用标准

“事实清楚”是指当事人双方对争议的事实陈述基本一致,并能提供可靠的证据,无需人民法院调查收集证据即可判断事实,分清是非。在大多数民间借贷案件中,原被告对借款时间、数额、期限等事实均无争议,双方陈述基本一致。如本文的统计中,对于借款事实的证据,85.08%的案件只有借据;在剩余14.92%的案件中,除了借据,6.08%有担保责任书,4.14%有打款凭证,0.82%有手机录音,涉及证人证言的只有3起,提出司法鉴定的只有1起。对借据中载明的当事人信息、借款日期、数额、利息,被告通常无异议。借据中约定不明或者没有约定的大多是借款期限、保证方式和保证期限(其中65.75%的案件没有约定借款期限,80.56%没有约定保证方式,85.98%没有约定保证时间)。而我国《合同法》《担保法》对借款期限、保证方式、保证期限没有约定或约定不明时的情况都做了法律推定,因此,约定不明的情况不影响案件事实的判断。对于还款事实,债务人通常有收条为证,双方基本无争议,并且很多

案件借款分文未还(在统计的案件中,81.94%的案件没有支付本金,37.5%的案件没有支付利息)。总之,在大多数民间借贷案件中,当事人可自行提供确实充分的证据,并不需要人民法院调查收集即可判断事实,符合"事实清楚"。"权利义务关系明确"是指谁是责任的承担者,谁是权利的享有者,关系明确。在民间借贷案件中,无论是债权人诉债务人,还是债权人诉保证人,抑或是保证人诉债务人,责任的承担者与权利的享有者通过诉状或借款合同均能一目了然,债权人、债务人与保证人责任明确,符合"权利义务关系明确"。"争议不大"是指当事人对案件的是非、责任以及诉讼标的争执无原则分歧。在本文统计的案件中,只有2起判决驳回诉讼请求,占0.55%;47.24%的被告既未到庭也未向法庭提供任何证据,司法实践中视为对原告的主张无异议。在被告出庭的案件中,被告对是否借款,是否应承担还款责任一般无异议,只是部分案件民间借贷利率高于银行同期贷款利率四倍,债务人主张适当减少;部分案件存在提前扣息现象(占统计案件的21.27%),需要予以扣除;或者债务人主张暂无还款能力,请求延期还款。以上均不是对是非、责任的原则性分歧。

综上所述,民间借贷案件符合小额诉讼程序要求的"纯金钱给付、事实清楚、权利义务关系明确、争议不大"的标准。

三、民间借贷案件适用小额诉讼程序的主要问题

小额诉讼程序设立的最初目的在于追求普遍化应用、成本低廉、非职业化、效率最大化等价值取向。但是我国目前的小额诉讼制度显然还未实现该制度的初衷,小额诉讼程序在实践中的应用率很低。

新法实施以来的实践表明,虽然有部分法院小额诉讼程序的适用率比较高,但多数调研表明,法院适用小额诉讼程序裁判的案件比例并不大。如董鹏,赵红杰的调研显示:"自2013年1月1日《民事诉讼法》实施以来到2015年5月1日,N省H市6个基层法院均受理小额诉讼案件,共计111件,但仅占民商事案件的7%。民间借贷纠纷案件32件,约占总数的29%。"①《广东高院关于小额诉讼制度实施情况的调研报告》显示:"2013年民事一审案件中适用小

① 董鹏、赵红杰:《小额诉讼程序司法运行实证分析——以N省H市6个基层法院为例》,《鄂州大学学报》2015年第11期。

额诉讼程序审理的案件仅占3.71%。”[①]江苏省最高人民法院2016年1月20日公告:“2013年,全省各基层法院共审结小额诉讼程序案件占同期全省各基层法院审结简易程序案件数的1.87%;2014年为8.35%;2015年上升为14.85%。”[②]由上述数据可知,小额诉讼程序在实践中的适用率,相比最高人民法院30%的预期目标[③]还有很大差距,而民间借贷案件能适用小额诉讼程序的就更是微乎其微。究其原因,主要有以下几个方面:

1.适用标的额标准偏低

按照《民事诉讼法》的规定,小额诉讼程序适用对象的标的额为“上年度就业人员年平均工资30%以下”。虽然各省经济发展不平衡,但年平均工资的30%在1万~2万元之间,这一标准有些偏低。从陕西省基层法院适用小额诉讼程序的情况看,“部分中级、基层法院反映,适用小额诉讼程序案件标的金额确定为11000元以下偏低。随着经济社会发展,部分群众觉得万元以下的纠纷不值得打官司,这些纠纷绝大多数通过非诉讼程序解决,从而制约了小额诉讼的推动”[④]。笔者的统计数据也证明了这点,在362笔民间借贷案件中,标的额在11000元以下的只有11笔,占3.03%。按照当前标准,绝大部分民间借贷案件不能适用小额诉讼程序,司法资源供求失衡的问题很难得以解决,因此需要对标的额标准重新进行思考。

2.单纯强制适用有失偏颇。小额诉讼的立法模式有三种:一是强制适用,如符合法定条件,无须当事人同意,自动适用,如德国。[⑤] 二是选择适用,是否适用由当事人进行选择,如日本。[⑥] 三是强制适用加选择适用,一定数额以下的案件,无须当事人的同意直接适用,而超过法律规定一定数额的案件,当事人可以选择是否适用,如我国台湾地区。[⑦] 我国《民事诉讼法》和司法解释坚持

① 廖万春等:《完善小额诉讼制度规范程序救济途径——广东高院关于小额诉讼制度实施情况的调研报告》,2014年5月8日《人民法院报》。

② 江苏省高级人民法院:《江苏法院向社会通报全省小额诉讼工作情况》,http://www.js.xinhuanet.com/2016-01/20/c_1117835898.html,访问时间:2016年10月7日。

③ 谢勇:《杜万华在宁夏调研时强调要认真做好小额诉讼实施准备工作》,2012年10月9日《人民法院报》。

④ 张译允、李晓峰:《我省基层法院适用小额诉讼程序中存在的问题及其应对》,http://sxfy.chinacourt.org/article/detail/2013/11/id/2295558.html,访问时间:2016年9月5日。

⑤ 沈德咏主编:《最高人民法院民事诉讼法司法解释理解与适用》,人民法院出版社2015年版,第705页。

⑥ 熊跃敏:《日本民事诉讼中的小额诉讼程序概述》,《当代法学》2002年第5期。

⑦ 许尚豪、朱呈义:《我国台湾地区小额诉讼程序述评及启示》,《法律适用》2006年第9期。

一律按照法律规定强制适用,没有给选择适用留空间。笔者认为,仅仅规定强制适用有失偏颇。当事人对诉讼的追求不同,有的倾向于公正,有的倾向于效率。"从制度层面而言,小额诉讼程序的建立提供给当事人的是一种选择的机会,当事人可以选择通过普通程序以追求公正的实现,也可以选择通过简单而迅速的程序以实现其实体权利。当事人可以在实体权利与程序公正之间进行利益的权衡,作出自己的选择。"[①]因此,应当允许当事人在一定范围以内自主选择是否适用小额诉讼程序。

3. 当事人对一审终审具有顾虑

我国的小额诉讼程序实行一审终审,"这是我国以两审终审为基本审判制度的民事诉讼审判程序中在审级上作出的唯一例外性的规定"[②]。两审终审制是我国民事审判的基本制度,具有重要意义。首先,通过多重审理可以减少审判的错误,保障案件裁判的质量。其次,通过多重审理也有利于上级法院对下级法院的监督,保障法律实施的统一性和完整性。对此,有学者对小额诉讼程序一审终审的科学性与合理性提出怀疑,认为"这种制度设计是具有内在缺陷的。因为它提升诉讼效率,降低司法成本的方式是限制、削减当事人一部分程序保障权利"[③]。由于小额诉讼程序不能上诉,当事人对小额诉讼案件的裁判结果不服,只有再审这一救济途径,但再审的启动条件非常严格,启动再审程序的可能性通常较小,因此一审终审成为当事人的重要顾虑。有调查显示,"当事人对一审终审的接受程度不高,31.21%的诉讼当事人明确表示不能接受"[④]。

4. 法官的审判风险加大

小额诉讼制度在实际应用中,并没有实现预想的合理分配司法资源的目的,反而使基层法院的审判压力与一线法官的审判风险有所增加。原因在于,小额诉讼实行一审终审,如果裁判结果有误或者当事人不满,可能导致上访或者申请再审。在现有的法院与法官考评机制下,法官必须对小额诉讼案件的裁判结果"终身负责"。失去了二审这一正常纠错与减压机制,"无形中增加了

---

① 潘剑锋、齐华英:《试论小额诉讼制度》,《法学论坛》2001 年第 1 期。

② 李浩主编:《民事诉讼法学》,高等教育出版社 2014 年版,第 226 页。

③ 廖中洪:《小额诉讼救济机制比较研究》,《现代法学》2012 年第 5 期。

④ 廖万春等:《完善小额诉讼制度规范程序救济途径——广东高院关于小额诉讼制度实施情况的调研报告》,2014 年 5 月 8 日《人民法院报》。

基层法院法官的工作压力与心理负担"[①]，比如判后答疑、申诉、信访等工作量将会增加。其次，"基层法院的工作人员认为一审终审只能减轻二审法院的负担，对基层法院没有意义，反而加大了调解的压力和司法风险"[②]。因此，比起小额诉讼程序，法官更钟情于简易程序或普通程序。

5. 民间借贷案件中被告的消极应诉导致法官慎用小额诉讼程序

在中国熟人社会的大环境下，民间借贷的发生很大程度上基于双方的信任。如在统计的案件中，只有1.1%的案件以房屋作为抵押，62.15%的案件是信用担保，36.75%的案件没有担保。"信任既是一种担保品，也是一种无形的声誉，由此较好地解决了'道德风险'与'逆向选择'的难题。"[③]但出于信任的资金出贷，很多情况下以债务人一方卷款逃窜而结束。在民间借贷案件中，被告拒绝应诉或者直接逃债等情况多有发生。在统计的案件中，47.24%的被告既未到庭也未向法庭提供任何证据。被告的消极应诉，极大地阻碍了法院的审理活动。案件难以送达、法院缺席判决、案件自愿执行率低、强制执行的难度进一步加大，所有这些原因，导致法官在面临被告缺席的情况下，慎用小额诉讼程序。以重庆法院为例，"208件从小额诉讼程序转为普通程序，其中有113件属于公告送达"[④]。

除上述五点原因，庭审程序、诉讼文书、案件流程如何简化，诉讼程序如何转化等操作规程的模糊使得法官也会慎用小额诉讼程序。总之，虽然理论上小额诉讼程序具有降低诉讼成本，提高诉讼效率，减轻办案压力等一系列作用，但其似乎是"空中楼阁，好看不好用"，亟待改进。

四、小额诉讼程序适用于民间借贷案件的改善途径

为了更好地将民间借贷案件与小额诉讼程序相衔接，需要不断构建和完善小额诉讼制度，扩大民众认同度，增强其适用性。

1. 适当提高适用标的额标准

如前文分析，适用"上年度就业人员年平均工资百分之三十"这一标准将

---

① 王杏飞：《基层法院为何不愿适用小额诉讼程序》，2014年1月14日《人民政协报》。

② 蒲一苇、朱秋燕：《小额诉讼程序运行的困境与完善路径》，《民事程序法研究》2015年第2期。

③ 周茂清：《关于我国民间借贷问题的探讨》，《当代经济管理》2011年第10期。

④ 白昌前：《小额诉讼程序适用的现实困境及应对》，《西南政法大学学报》2015年第1期。

难以发挥小额诉讼程序的作用。有学者对适用小额诉讼程序的最佳案件比例进行了研究，王亚新教授认为，适用小额诉讼程序的案件“在一般基层人民法院约占其年均受理案件量的10%～30%应当比较稳妥”[①]。在本文统计的案件中，标的额在0万～1万元的占3.03%，1万～5万元的占8.28%，5万～10万元的占8.28%，10万～15万元的占4.70%，15万～20万元的占9.67%。若小额诉讼程序占受案总量的10%为宜，适用小额诉讼程序的民间借贷案件标的额应为5万元左右，若占受案总量的30%为宜，适用小额诉讼程序的案件标的额应在15万～20万元之间。上文已经分析，民间借贷案件完全符合权利义务关系明确、争议不大与纯金钱给付的特征，为了有效解决民间借贷案件的严重诉讼拥堵问题，有必要提高小额诉讼程序的标的额标准。实践中已有如此做法，例如海南一中院将所辖基层法院可以适用小额诉讼程序的案件标的额上限从1万多元扩大至5万元。[②]

2.增加当事人选择适用的规定

当事人自主选择诉讼程序是意思自治原则的表现，我国的《民事诉讼法》赋予了当事人协商选择适用简易程序的权利，却将合意适用小额诉讼程序排除在外，这实际上是对当事人意思自治权利的伤害。针对小额诉讼程序适用程度低的情况，应允许适用条件以外的当事人合意协商适用小额诉讼程序，使强制适用同合意适用相互补充。这既是对当事人程序选择权的尊重，还可以解决部分地区因“小额”案件过少而导致小额诉讼程序空置的问题。笔者认为，对于标的额超过了法律规定，但案件简单，权利义务关系明确的案件，如果双方当事人都希望能够通过快捷的途径解决纠纷，合意适用小额诉讼程序，法院在审查不损害他人利益的前提下，应当准许适用。实践中已有如此做法，例如2015年江苏省在“在现行法律框架内，努力放大小额诉讼程序的制度效应，对于符合小额诉讼程序的其他条件，且案件标的额在规定标准之上、10万元以下的民商事案件，当事人双方选择适用小额诉讼程序的，法院可以适用小额诉讼程序进行审理”[③]。

---

① 王亚新:《民事司法实务中适用小额程序的若干问题》,《法律适用》2013年第5期。

② 张惠宁、刘佳:《标的额5万元以下案件适用“小额诉讼程序”审理》,2014年7月11日《海南日报》。

③ 江苏省高级人民法院:《江苏法院向社会通报全省小额诉讼工作情况》,http://www.js.xinhuanet.com/2016-01/20/c_1117835898.html,访问时间:2016年11月7日。

3.减少当事人的适用顾虑,建立有效的小额诉讼程序救济制度

如前文所述,一审终审是小额诉讼程序的重要特点,也成为当事人和法官适用小额诉讼程序的主要顾虑。为了减少当事人的适用顾虑,法官首先应当做好释明工作,让社会大众了解该项制度便民利民的优势。各基层人民法院还可在立案大厅或诉讼服务中心内设置小额诉讼专题宣传栏,放置小额诉讼程序指南,广泛宣传小额诉讼程序的立法目的和意义。尤其要释明一审终审并非没有救济途径,当事人可以通过申请再审的形式进行救济;如果人民法院驳回再审申请或逾期未对再审申请作出裁定,当事人还可以向人民检察院申请检察建议或者抗诉。

此外,借鉴其他国家或地区的小额诉讼程序救济方式。例如,日本规定了裁判异议制度,如果法官在审理案件时违反了程序,原则,被告可在笔录送达或判决送达之日起14日之内向原审法院申请异议。[①] 我国台湾地区规定小额诉讼一审结束后,如判决违背法令的,可以向一审法院进行上诉,由其组成合议庭进行审理。韩国的小额诉讼和我国台湾地区相似,也不是向二审法院提出上诉,而是向同级法院的合意抗诉部提出上诉。[②]

我国《民事诉讼法》规定了小额诉讼程序的救济制度为再审制度,短时间内对其进行改变并不现实,不如在现有的再审制度基础上进行改进。因此,笔者认为,借鉴上述国家或地区的做法,如小额诉讼程序的当事人申请再审,人民法院应积极引导当事人选择向原审人民法院提出。尤其在民间借贷案件中,原被告均为当地公民的案件占绝大多数,原审法院审理有利于将矛盾"化解在基层、化解在当地",同时有利于降低当事人诉讼成本。

4.减轻法官的审判压力

第一,完善考核制度。法官的适用顾虑主要来自于一审终审的审判压力。建议改革完善考核制度,消除审判人员适用小额诉讼制度的后顾之忧,提高审判人员的积极性,比如对承办小额诉讼案件的审判人员实行单独考核,并且对由此产生的申诉、信访案件,实行无故意、重大过失豁免。[③] 第二,注重调解的作用,调判结合。调解与判决的区别在于,调解是在法官主持下,当事人根据自己的自由意志达成的协议,有利于执行。调解的民间借贷案件中,债权人可

---

① [日]新堂幸司:《新民事诉讼法》,林剑锋译,法律出版社2008年版,第688页。

② 厦门市思明区人民法院课题组:《民事小额诉讼程序的适用与完善》,《福建法学》2013年第2期。

③ 宋春雨等:《提高民事审判实效 经济便捷化解纠纷》,2014年12月18日《人民法院报》。

能会放弃部分债权利益，但可以换来确定的可得利益（债务人可能会当场交付或是承诺还款）；对债务人来说，调解或许意味着比申请执行程序更早还款，但债务人可能得到债权人对本金及利息的部分让步，或者允许其分期还款和延期还款，从而减轻了还款压力。可见，调解结案对双方当事人来说都是经济的，有利于当事人及时履行债务，彻底解决纠纷。因此，在民间借贷案件中，应充分发挥法官的能动性，尽量在案件审理之前，通过调解方式使双方达成一致协议。

5. 完善操作规程

第一，明确不宜适用小额诉讼程序的情形。司法解释虽然规定了不适用小额诉讼程序的情形，但具体到民间借贷案件，还应进一步细化。在民间借贷案件中，只起诉保证人而未起诉债务人的案件应排除在适用小额诉讼程序之外。这是因为只起诉保证人不利于查清案件事实[①]，也可能存在债权人与保证人串通损害债务人利益的情形[②]。

第二，明确小额诉讼程序转入简易程序、普通程序的情形。在当事人增加诉讼请求、变更诉讼请求、法院无法在规定日期内审结的情况下，小额诉讼程序应该转入简易程序或普通程序。除此之外，在民间借贷案件的审理过程中，出现当事人对案件事实有如下争议的，也应该酌情转入简易程序或普通程序。(1)对借贷事实有争议。具体包括：债权人只有口头证据，债务人予以否认的；或者原告仅提供借据主张借贷关系成立，被告提出反驳证据足以对借款关系真实性产生合理怀疑的；或者原告仅提供转账、存款凭证等交付凭证，未提供借贷合意凭证，被告以双方不存在借贷关系或者存在其他法律关系为由抗辩，并提出证据足以对借款关系真实性产生合理怀疑的；或者当事人要求笔迹鉴定的。(2)对借款金额有争议。具体包括：本金和利息计算在一起算作借贷金额的；利息直接从本金中扣除的；多次发生借贷，利滚利，余额部分加新借部分合在一起约定利息，重新出据借据的。在出现上述情形时，案件不再属于事实清楚的简单案件，法院可依职权将小额诉讼程序转为简易程序或普通程序。

6. 灵活送达方式

民间借贷案件审理中存在的一个重要问题是法律文书的送达困难。债务

① 如保证人对借款合同是否生效（有无实际交付借款）、债务人是否还款及还款数额、对利息是否有口头约定、债权人与债务人对借款期限的约定是否更改、是否超过诉讼时效等并不清楚。

② 如有的借条中并未约定利息，而债权人与保证人均主张曾口头约定有利息。

人逃避债务的现象增多,债务人故意不出庭应诉、拒签法律文书等情形十分普遍,导致法院送达次数增多,从而造成审理期限的延长。如果适用小额诉讼程序,法院可以创新送达方式,以更加灵活、简便的方式送达。如江苏省法院针对民事案件"送达难"的问题,规定小额诉讼案件可以进一步简化送达手续,可以采取电话、传真、电子邮件、手机短信等简便方式与当事人联系等等。[①] 还可以实行错时送达,如江苏淮安市清浦区法院根据案件需要利用节假日、晚上等当事人在家几率较高的时段完成送达任务[②],从而有效解决了送达难的问题。

(原载于《山东大学学报(哲学社会科学版)》2017 年第 2 期)

---

① 江苏省高级人民法院:《江苏法院向社会通报全省小额诉讼工作情况》,http://www.js.xinhuanet.com/2016-01/20/c_1117835898.html,访问时间:2016 年 10 月 7 日。

② 宋春雨等:《提高民事审判实效 经济便捷化解纠纷》,2014 年 12 月 18 日《人民法院报》。

证券民事诉讼与投资者赔偿

——基于虚假陈述案件的实证分析

徐文鸣

一、问题的提出

依据实施主体的不同，法律执行机制可以分为公共执行（Public Enforcement）和私人执行（Private Enforcement）。所谓公共执行，是指依靠公共机构实施法律，发现和处罚违法者。[①] 它的优势在于规模效应和处罚方式多样化，可以施加民事、行政和刑事处罚。公共执行也存在显著的劣势，公共机构拥有的资源有限，公职人员缺乏适当的激励（Incentive），都可能导致执法不足和选择性执法等问题。所谓私人执行，主要是指依靠私人主体实施法律，通过提起民事诉讼请求损害赔偿。民事诉讼的结果关系到投资者的切身利益，因而他们有充足的激励。但是，私人执行具有内在缺陷，即中小投资者参与诉讼的成本和收益不匹配，易陷入集体行动困境。

最高人民法院在 2003 年颁布了《关于审理证券市场因虚假陈述引发的民事赔偿案件的若干规定》（以下简称《虚假陈述若干规定》），建立了现行的证券民事诉讼制度。但是经过十余年的司法实践，该制度并未取得预期的效果。

① 公共执行虽然都由公共机构发起，但是执行程序也存在差异。例如，美国证券交易委员会（Securities and Exchange Commission，以下简称 SEC）的执行部（Enforcement Division），需要向其内部的行政法官（Administrative Law Judge）或州法院提起诉讼程序，施加相应的法律责任（Velikonja U.，"Reporting Agency Performance：Behind the SEC's Enforcement Statistics"，*Cornell Law Review*，2016，101（4），pp. 901-908）。与此相对应，我国证监会可以直接施加行政处罚，不需要经过法院审理。

本文系统地收集了2013年11月至2016年10月人民法院关于证券虚假陈述责任纠纷的判决,从微观层面分析证券民事诉讼市场面临的主要问题。投资者请求损害赔偿需要重复承担起诉成本,因而预期净收益较低,导致他们偏好采取“用脚投票”的被动策略。[①] 当问题的核心转变为降低维权成本、提高投资者预期净收益时,美式集团诉讼制度的优势有限。在保留行政前置程序的前提下,建立由公共机构主导的集团诉讼制度,可以实现诉讼的规模经济,达到有效赔偿投资者的目的。

二、证券民事诉讼市场

我国证券法执行采用“集中执法”模式,以公共执行为主导。证监会垄断了执行证券法的权力,承担威慑(Deterrence)潜在违法违规行为的职能,而证券民事诉讼制度则承担赔偿(Compensation)投资者的职能。由于私人执行受到公共执行的制约,证券民事诉讼制度运行状况并不理想,并未实现有效赔偿投资者损失的目的。与我国“集中执法”模式不同,美国证券法采用“多头执法”模式,使公共执行和私人执行机制并行发挥作用。证券交易委员会、司法部、证券交易所、州检察长(State Attorneys General)以及“企业家式的律师”(Entrepreneur Lawyers)都可以独立执行证券法。[②] 分权式执法模式的特点是执法产出较高,科菲教授将其视为美国特例(American Exceptionalism)。[③]

(一)证券民事诉讼的基本制度安排

2003年颁布的《虚假陈述若干规定》为审理因虚假陈述引发的民事侵权案件构建了制度基础,但投资者请求损害赔偿仍面临以下四方面的制度性约束:

首先,《虚假陈述若干规定》仅赋予因虚假陈述遭受损失的投资者请求损害赔偿的权利,将因内幕交易和市场操纵受到损失的投资者排除在民事赔偿

① Black B., “Shareholder Passivity Reexamined”, *Michigan Law Review*, 1990, (89)3:520-608.

② Amanda R., “The Multienforcer Approach to Securities Fraud Deterrence: A Critical Analysis”, *University of Pennsylvania Law Review*, 2010, 158(7), pp. 2173-2232.

③ Coffee J., “Law and the Market: The Impact of Enforcement”, *University of Pennsylvania Law Review*, 2007, 156(2), pp. 229-312.

之外。[①] 而后两类违法行为同样是主要的证券市场欺诈行为。[②]

其次,《虚假陈述若干规定》设立了行政前置程序,即投资者提起民事诉讼请求损害赔偿,必须以监管机构的行政处罚或法院的刑事判决为前提。[③] 行政前置程序将私人执行机制置于公权力的控制之下,不利于受侵害的投资者提起有益诉讼(Meritorious Suit)。[④] 但是,黄辉教授收集了 2002～2011 年间满足前置程序的案件和实际提起诉讼的案件,发现法院仅审理了 25.7%(65/253)的可诉案件。[⑤] 从这个角度看,前置程序在现有制度环境下并非阻碍投资者寻求救济的主要障碍。

再次,受到侵害的投资者只能提起单独或者共同诉讼,而不能提起集团诉讼。[⑥] 证券民事诉讼制度忽略了诉讼程序对当事人激励的影响,中小投资者需要"声明加入"(Opt-in)诉讼程序,承担主动加入诉讼的成本,这将减少主动参与证券诉讼的当事人的数量。[⑦]

最后,被告所在地的中级人民法院对证券民事诉讼拥有管辖权[⑧],而上市公司一般是国有企业或者对当地经济发展有重要影响的私营企业,与所在地政府有着紧密的联系,可能存在的地方保护主义将进一步减少投资者可以获得的预期民事赔偿。

(二)证券民事诉讼市场的供求关系

为了从微观层面展示证券民事诉讼市场的全貌,笔者从"中国裁判网"和"OpenLaw"收集了人民法院在 2013 年 11 月 1 日至 2016 年 9 月 30 日之间,作

---

① 《虚假陈述若干规定》第 1 条。

② 如 2013 年发生的光大"乌龙指"事件即产生了广泛的影响,受到侵害的投资者的利益并未获得监管者的重视(参见缪因知:《光大证券事件行政处罚与民事索赔之合法性质疑》,《法学》2014 年第 1 期)。

③ 《虚假陈述若干规定》第 5 条。

④ 主张行政前置程序弊大于利的论述,参见殷洁:《证券虚假陈述民事责任制度论》,《法学》2003 年第 6 期;陈朝阳:《证券民事诉讼机制的完善——兼评最高人民法院〈关于受理证券市场因虚假陈述引发的民事侵权纠纷案件有关问题的通知〉》,《华东政法学院学报》2003 年第 1 期;陈岱松:《试论证券民事诉讼制度之完善》,《证券法苑》2009 年第 1 期。

⑤ Huang H., "Private Enforcement of Securities Law in China: A Ten-Year Retrospective and Empirical Assessment", *American Journal of Comparative Law*, 2013, 61(4), pp. 757-798.

⑥ 《虚假陈述若干规定》第 12 条。

⑦ 由于 A/B 股市场投资者结构的差异,B 股投资者更有激励克服集体行动困境,寻求损害赔偿。对于这一问题的实证分析,参见 Xu W., "Reforming Private Securities Litigation in China: The Stock Market Has Already Cast Its Vote", *International Review of Law and Economics*, 2016, 45, pp. 23-32.

⑧ 《虚假陈述若干规定》第 9 条。

出的2815份关于证券虚假陈述引发的民事赔偿案件的民事判决书和民事裁定书。[①] 在剔除关于管辖权争议的民事裁定书后,研究样本的容量变为1747份判决书和裁定书,共涉及40位被告[②]和2746名投资者,有47家律师事务所提供了法律服务。其中,2016年894份、2015年506份、2014年279份、2013年68份。这些案件主要由广东省广州市中级人民法院/广东省高级人民法院、江苏省南京市中级人民法院、北京市第一中级人民法院和上海市第一中级人民法院审理。

上述判决提供了证券民事诉讼市场供给方和需求方的详细信息。表1从被告的身份(13名)和原告的代理律师事务所(10家)两个维度,展示了2746位原告的分布。[③] 总体来说,投资者对于证券民事诉讼服务的需求不高。黄辉教授曾指出仅部分有权机关处罚的违法行为人受到投资者起诉,但这只是问题的一个方面。[④] 表1的数据进一步显示,即便违法行为人被起诉,潜在的受侵害的投资者参与诉讼的比例也不高。判决数据显示仅有24名被告面临超过10名原告的起诉,仅12名被告面临超过50名原告的起诉。如果考虑到上市公司股东基数的差异,提起诉讼的投资者平均仅占上市公司股东总数的0.22%。面临股东起诉比例最高的被告是南京纺织品进出口股份有限公司,有1.25%的股东提起了诉讼。另外,在佛山照明案和云南云投案中,也有近0.7%的股东向人民法院提起诉讼。剩下的被告面临股东起诉的比例都远低于0.5%。

表1所示13名被告总共支付了近1.03亿元损害赔偿。其中,最成功的维权案例是涉及佛山电器照明股份有限公司的案件,979位受侵害的投资者一共获得63,676,892.16元损害赔偿,平均每位投资者获赔约6.5万元。除去佛山电器照明股份有限公司外,样本中其他被告共支付38,924,970.06元损害赔偿,这些案件中1767位受侵害的投资者平均每人获得2.2万元损害赔偿。

---

① "中国裁判网"和"OpenLaw"的链接分别见 http://www.court.gov.cn/zgcpwsw/和 http://openlaw.cn/。笔者通过检索"案由:证券虚假陈述责任纠纷",获得本文的研究样本。依据《虚假陈述若干规定》第五条的规定,虚假陈述民事赔偿案件的诉讼时效为两年,本文统计的每位被告所面临的投资者起诉的数量可能是不全面的。

② 该数据只统计了那些面临至少两位投资者起诉的企业和个人。

③ 由于篇幅的限制,表1展示的证券民事诉讼市场供给和需求方的信息有限,更加详细的信息表可以发邮件向作者索取。

④ Huang H., "Private Enforcement of Securities Law in China: A Ten-Year Retrospective and Empirical Assessment", *American Journal of Comparative Law*, 2013, 61(4), pp. 757-798.

由于上述被告都已经受到有权机关的处罚，因而前置程序不再是限制因素。而管辖法院都是我国司法系统效率较高省市的中级以上人民法院，低效率的法院系统带来的负面影响有限。在排除这两个主要的潜在影响因素后，限制证券市场需求的主要原因就是“声明加入”模式所引发的高昂参与成本。因证券市场欺诈行为而引起的侵权案件最大的特点是“小额多数”，即受侵害投资者的数量大，而大部分投资者受到的实际损害小。如果让每个投资者都反复承担参与诉讼的成本，那么对于单个投资者来说，诉讼的成本将大于收益。因此，在现有制度下投资者偏好采取“被动的”策略，对证券民事诉讼的需求并不高。

从市场的供给侧看，由于总需求受到限制，提供诉讼服务的律所数量有限。根据表 1 的数据，近三年仅有 15 家律师事务所代理投资者人数超过 10 名，它们主要分布于北京、上海、广州三地。根据《虚假陈述若干规定》第 8 条，因虚假陈述引发的民事赔偿案件由被告所在地中级人民法院管辖，这三地也是上市公司最集中、区域金融市场最发达的省市，在这三地注册的上市公司约占上市公司总数的 29.47%。[①] 投资者自身存在搭便车的激励，并不会成为证券民事诉讼的主要推动者。美国证券民事诉讼市场如此繁荣的一个主要因素在于存在大量专业的“企业家式的律师”，积极推动证券集团诉讼。当然，随着市场规模的扩大，我国证券民事诉讼市场中提供诉讼服务的律所数量预期也会逐步增加。

① 程金华：《中国公司上市的地理与治理——对证券市场行政治理的再阐释》，《证券法苑》2010 年第 2 期。

表 1　2013 年 11 月 ～2017 年 1 月间证券民事诉讼市场的供给与需求

律所 被告	北京盈科	广东奔犇	环宇京茂	东方剑桥	上海华荣	上海汇业	嘉澜达	上海杰赛	上海明伦	浙江裕丰	其他律所	小计	处罚文件时间	起诉依据的处罚	管辖法院	投资者获得的总赔偿(元)	起诉投资者占比
佛山照明	73	68	9	174	98	2	98	357	0	21	79	979	2012/11	证监会	广州中级法院	63,676,892.16	0.63%
海润光伏	26	0	16	32	28	1	0	6	23	14	26	172	2015/10	江苏证监局	南京中级法院	16,250,445.43	0.08%
勤上光电	0	0	3	7	16	0	0	0	0	0	4	30	2014/05	广东证监局	广州中级法院	9,671,628.87	0.09%
协鑫集成	21	0	2	27	114	0	0	5	0	0	1	170	2015/06	证监会	上海一中院	3,893,388.50	0.07%
湖北三峡	0	0	1	36	2	0	0	0	1	0	0	40	2014/12	湖北证监局	武汉中级法院	3,213,982.72	0.10%
上海仪电	1	0	3	36	7	0	0	62	0	5	10	124	2013/08	证监会	上海一中院	1,723,672.23	0.19%
恒天海龙	8	0	0	1	12	19	0	0	14	0	14	68	2013/11	证监会	济南中级法院	1,634,507.93	0.08%
宁波富邦	0	0	0	7	47	0	0	0	0	21	4	79	2012/06	证监会	宁波中级法院	1,465,782	0.35%
云南云投	35	0	0	0	34	6	0	1	0	0	17	93	2013/05	证监会	昆明中级法院	587,122.30	0.63%
南京纺织	24	0	2	22	14	13	0	11	38	1	8	133	2014/04	证监会	南京中级法院	285,233.91	1.25%
上海神开	3	0	0	5	13	0	0	8	0	1	0	30	2015/02	上海证监局	上海一中院	112,605.32	0.14%
武昌鱼	0	0	0	11	13	0	0	0	0	0	7	31	2013/10	湖北证监局	武汉中级法院	84,373.85	0.09%
潍坊亚星	0	0	0	18	1	0	0	6	0	0	0	25	2013/01	证监会	济南中级法院	2,227	0.11%
其他被告	59	12	35	108	207	100	0	102	28	69	52	772	N. A.	N. A.	N. A.	N. A.	N. A.
总计	250	80	71	484	606	141	98	558	104	132	222	2746	N. A.	N. A.	N. A.	102,601,862.22	N. A.

注:1. 由于篇幅的限制,本表只列出投资者获得总赔偿最高的 13 名被告,以及代理投资者数量最多的 10 家律所。

2. 本表使用上市公司在处罚决定当年年报披露的股东总数计算“起诉投资者占比”。其中,“上海仪电”未披露“华鑫股份”(代码 600621)的持股情况。因而,在计算起诉投资者比例时,使用“华鑫股份”的股东总户数。

三、证券律师与原告之间的代理成本

由于证券民事诉讼只能以单独或者共同诉讼的方式进行，每个“积极的”投资者都需要反复承担参与成本。现有文献对于证券民事诉讼成本的讨论主要集中在行政成本，如举证成本和时间成本[①]以及低效率法院系统带来的成本[②]。对判决文本的进一步分析显示，投资者和证券律师之间的代理成本同样增加了证券诉讼的参与成本。代理成本指因证券律师和投资者之间的利益冲突给投资者带来的损失。一般来说，投资者希望最大化其获得的净赔偿，而证券律师则希望最大化其获得的代理费。当二者利益不一致时，证券律师即可能利用其信息优势侵害投资者的利益，这一行为会降低投资者的预期收益。证券律师存在显著高估损害赔偿的激励，这一方面造成投资者胜诉的比例较低，另一方面造成在胜诉案件中，投资者还需要承担较高的受理费用。

（一）投资者的胜诉比例偏低

本小节研究的样本共包括1197份判决书，其中1042份为民事一审判决，88份为民事二审判决，67份为民事再审判决，图1展示了这些判决结果的分布。[③] 与此前研究的预测不同，投资者的诉讼请求获得支持的概率并不高。[④] 在民事一审判决中，仅有约42.42%(442/1042)的原告获得了一定数额的损害赔偿。约47.12%(491/1042)的原告撤回起诉，原告撤诉后案件受理费减半收取，可以节约一定的诉讼费用。约10.46%(109/1042)的原告被判决败诉。对于二审案件来说，受侵害投资者胜诉的比例更低。仅有约3.41%(3/88)的原

---

① 如大庆联谊案，投资人2002年1月24日最先提起诉讼，至2006年12月执行完毕，经历了近五年的时间。由于冗长的民事程序，原告人数由679人减少为不足500人（参见杨严炎：《群体案件的诉讼形式及其价值取向——以大庆联谊虚假陈述案为例》，《清华法学》2011年第2期）。

② Huang H., “Private Enforcement of Securities Law in China: A Ten-Year Retrospective and Empirical Assessment”, *American Journal of Comparative Law*, 2013, 61(4), pp. 757-798.

③ 与上节所分析的样本相比，本节剔除了两类案件。第一，样本剔除了涉及被告佛山电器照明股份有限公司的判决。网上公布的判决是针对700余名投资者的文本，由于格式原因无法分离出每个投资者具体的判决结果。第二，样本剔除了涉及程序性的判决，如“合并为一个共同诉讼”“案件移送”等，共涉及542份判决。因为此类判决不涉及是否支持原告诉讼请求和判决损害赔偿的金额。

④ 一般认为满足行政前置程序的案件，原告的诉讼请求即会获得支持，获得损害赔偿是“直接的”(Straightforward)，见Benjamin L., Milhaupt C., “Reputational Sanctions in China's Securities Market”, *Columbia Law Review*, 2008, 108(4), pp. 929-983.

告上诉成功。二审法院判决原告胜诉的原因有二:其一,原审法院对于损害赔偿的计算有误;其二,原审法院审理时,事实不清。约 26.14%(23/88)的原告未按时预交案件受理费,而被裁定撤诉。约 70.45%(62/88)的原告被判决败诉。在所有民事再审案件中,人民法院皆判决驳回原告全部的诉讼请求。

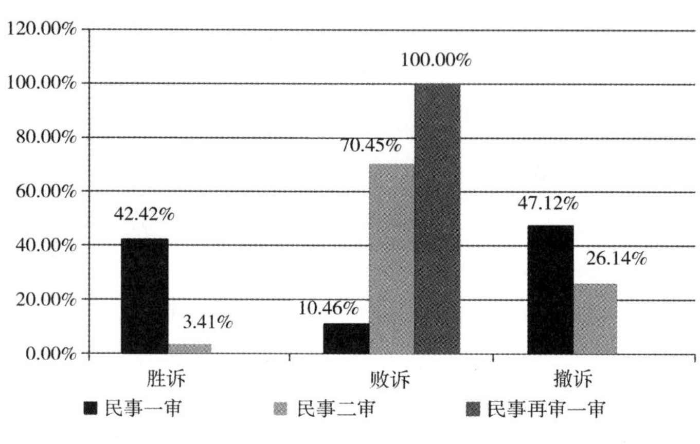

图 1　案件裁判结果的分布

投资者败诉的主要原因在于虽然满足行政前置程序,却未能证明投资损失和虚假陈述行为之间存在因果关系。《虚假陈述若干规定》第 18 条第 2 款、第 3 款规定,当且仅当投资者“在虚假陈述实施日及以后,至揭露日或者更正日之前买入该证券”,在“虚假陈述揭露日或者更正日及以后,因卖出该证券发生亏损,或者因持续持有该证券而产生亏损”,才符合认定虚假陈述与损害结果之间存在因果关系的标准。因此,如果投资者在实施日之前或者在揭露日之后买入相关证券,法院则不能认定虚假陈述与损害结果之间存在因果关系。本文收集的样本,即存在上述情况。例如,在云南云投证券虚假陈述的案件中,部分起诉的投资者是在虚假陈述揭露日之后买入证券。而在宝安鸿基证券虚假陈述的案件中,部分起诉的投资者是在虚假陈述的实施日之前买入证券。这两类交易都不符合《虚假陈述若干规定》第 18 条对侵权行为因果关系的认定标准,因而法院驳回了原告的全部诉讼请求。

(二)胜诉案件支付的受理费用较高

对于那些原告胜诉的案件,即投资者的诉讼请求在一定程度上获得支持的案件,法院判决的损害赔偿低于其请求的损害赔偿的概率较高。为了测量证券律师高估损害赔偿的程度,表 2 展示了涉及 442 位胜诉原告获得的损害赔偿与请求的损害赔偿之间比率的分布。[①] 第一列显示，在约 21.5%的案件中，投资者获得的损害赔偿小于其请求损害赔偿的 20%。此外，在约 10.5%的案件中，这一比例在 20%和 40%之间。约 62%的投资者获得的损害赔偿大于其请求损害赔偿的 80%。

表 2　　原告胜诉案件判决损害赔偿与请求损害赔偿之比的分布

	0～0.2	0.2～0.4	0.4～0.6	0.6～0.8	0.8～1
数量	95	46	27	20	254
百分比	21.49%	10.41%	6.11%	4.52%	57.47%

导致请求的损害赔偿被高估的原因有二。第一，律师为了节约前期投入的成本，并未从被代理人利益的角度严格筛选可诉案件。即使满足了行政前置程序，投资者的损失还需符合证明侵权损害赔偿因果关系的标准。此外，法院在计算损害赔偿的数额时，一般还会考虑市场波动的影响，这也需要律师掌握专业的金融知识。第二，高估损害赔偿可以增加证券律师代理投资者的数量，最大化其代理费收益。一方面，由于证券民事诉讼一般采取胜诉酬金制度，律师代理案件的收益如同持有一份看涨期权。他们需要承担低估损害赔偿的成本，即如果请求的损害赔偿低于判决的损害赔偿，将减少律师的风险代理费。另一方面，较高的请求损害赔偿可以鼓励投资者参与诉讼。考虑到律师代理额外投资者的边际成本较低，证券律师的净收益与其代理投资者的数量成正比。因而，对证券律师来说，最优的请求损害赔偿是投资者交易标的证券的所有损失。

如果证券律师最大化自身收益的行为并不会增加投资者的维权成本，那么此类行为并不会影响投资者的决策。然而高估损害赔偿的行为会给投资者带来负外部性，它主要表现为会增加投资者支付的民事诉讼案件受理费用，即增加投资者和律师间的代理成本。关于合理的损害赔偿金额，律师和普通投资者间存在信息不对称。投资者并不具备专业知识计算损害赔偿的金额，该金额主要依靠证券律师的专业判断。民事诉讼案件受理费用由败诉一方承担，部分胜诉、部分败诉的，法院按照具体情况决定当事人所需负担的受理

① 该样本不包括被告为佛山电器照明股份有限公司的案件。

费。[①] 对于受理费用的计算,财产性案件是根据诉讼请求的金额或价额,按比例分段累计缴纳。[②] 在此规则下,投资者面临的最优情况是诉讼请求完全获得支持;次优情况是其损害赔偿请求获得部分支持,并支付根据请求的和判决的损害赔偿的差额部分计算的受理费用;最坏情况是投资者败诉,并承担依据诉讼请求金额计算的受理费用。

表 3　　案件的受理费用的分布　　单位:元

	未交费	0～500	500～1000	1000～10000	10000 以上
数量	123	617	146	286	24
比例	10.28%	51.55%	12.28%	23.89%	2.01%

表 3 展示了 1197 份判决原告支付的案件受理费用的分布情况。[③] 约 10.2%的投资者未交案件受理费。这些投资者主要分为两类:一部分投资者未在法定期限内预交案件受理费,被视为撤诉;另一部分投资者提起民事再审,而最高人民法院驳回其再审申请。约 38.1%的投资者支付的受理费超过 500 元,其中有 24 人支付的费用超过 1 万元。投资者支付的最高的诉讼费用发生在林某诉宝安鸿基案,原告共支付了 61,615 元案件受理费。而对于诉讼请求仅得到部分支持的投资者,他们同样需要支付不菲的受理费用。如在被告为佛山电器照明股份有限公司的案件中,法院一审判决案件受理费总计 2,157,108元,其中被告负担 1,004,361 元,原告共同负担 1,152,747 元,979 名原告平均每人负担 1,177 元。而在高某诉宁波富邦精业集团股份有限公司一案中,法院一审判决被告赔偿原告高某损失 2,744.93 元,而原告需要负担 2,135元的案件受理费,约占损害赔偿的 78%(案件受理费总计 2,198 元)。证券律师和投资者之间的代理成本,进一步减少了投资者获得的赔偿净额,降低了中小投资者参与证券民事诉讼的激励。

四、建立公共机构主导的集团诉讼制度

证券民事诉讼裁判文书的实证分析显示,由于中小投资者需要重复承担

① 《诉讼费用交纳办法》第 29 条。

② 《诉讼费用交纳办法》第 13 条。

③ 表 3 与图 1 使用的样本一致。

参与成本，其请求损害赔偿的预期净收益较低，偏好采取“用脚投票”的策略。证券民事诉讼制度并未发挥有效赔偿投资者损失的作用。降低高昂的求偿成本的思路之一是通过中央代理人处理求偿/赔偿事宜，利用规模经济降低单个投资者的维权成本。这一思路已经应用在证券市场创新的制度设计中，并取得了良好的效果。例如，发生在一级市场的证券发行欺诈案件，上市公司即通过设立专项赔偿基金，主动承担维权成本。[①] 对于发生在二级市场的违法违规案件，美式证券集团诉讼被视为解决投资者维权难的制度创新。[②] 私人主导的集团诉讼实际上将首席原告和代理律师视为大量受侵害投资者的中央代理人，以实现规模经济。如果仅从有效赔偿投资者的角度出发，借鉴我国台湾地区“证券投资人及期货交易人保护中心”的制度创新，构建由公共机构主导的集团诉讼，更加适合我国现阶段证券市场发展状况和司法系统的效率水平。[③]

（一）美式集团诉讼的缺陷

集团诉讼面临的主要制度成本是证券律师与投资者之间的代理成本。律师以最大化其代理费为目标，与最大化投资者获得赔偿并不一致。代理律师倾向于分散“投资组合”，即通过代理多个集团诉讼案件分散风险，通过与被告合谋和解能显著增加其代理费收入。[④] 由于集团成员（Class Member）持有的利益较小，缺乏激励有效监督律师的行为，诉讼程序因此被代理律师主导。[⑤] 集团律师通过与被告达成和解协议损害投资者利益的情况时有发生。此外，缺乏约束的集团诉讼制度还给证券市场参与者带来了高昂的诉讼成本。为了应对失控的集团诉讼，美国国会于 1995 年通过《私人证券诉讼改革法案》（Pri-

---

① 万福生科虚假陈述案和海联讯虚假陈述案实际已经将这个思路付诸实践。违法行为人和承销商设置了专项赔偿基金。其中，万福生科专项基金共向 12756 名投资人支付了 1.79 亿元，而海联讯主要股东共出资 2 亿元，赔偿了超过 1 万名股东。对于这两个案件赔偿方案的分析，参见汤欣、杨祥：《虚假陈述损害赔偿的最新实践及法理检视——以万福生科与海联讯补偿方案为例》，《证券市场导报》2015 年第 3 期。

② 支持移植集团诉讼制度的研究，参见郭锋：《从大庆联谊股东诉讼案谈中国证券民事赔偿制度的构建》，《法学杂志》2006 年第 1 期；章武生：《论群体性纠纷的解决机制——美国集团诉讼的分析和借鉴》，《中国法学》2007 年第 3 期；钟志勇：《证券民事侵权诉讼前置程序与共同诉讼》，《法律科学》2003 年第 6 期。

③ 支持构建由公共机构主导诉讼机制的观点，参见王利明：《我国证券法中民事责任制度的完善》，《法学研究》2001 年第 4 期；汤欣：《私人诉讼与证券执法》，《清华法学》2007 年第 3 期。

④ Alexander J., “Do the Merits Matter? A Study of Settlements in Securities Class Actions”, *Stanford Law Review*, 1991, 43(3), pp. 497-598.

⑤ Coffee J., “Rescuing the Private Attorney General: Why the Model of the Lawyer as Bounty Hunter Is Not Working”, *Maryland Law Review*, 1983, 42(2). pp. 215-288.

vate Securities Litigation Reform Act of 1995,以下简称 PSLRA),以降低代理成本为出发点,改革集团诉讼制度。[①]

不仅制度成本高昂,集团诉讼对潜在违法违规行为的威慑效果也不明确。首先,那些仅受到私人集团诉讼处罚的违法行为的严重程度,远低于 SEC 处罚的案件。[②] 集团诉讼对违法违规行为产生的额外威慑力有限,其带来的预期收益亦是有限的。其次,针对 1996～2004 年间资产在 7.5 亿美元以上的企业欺诈案件的实证研究显示,私人集团诉讼发现欺诈行为的数量有限,仅占案件总数的 3%。[③] 再次,由于 PSLRA 增加了限制集团诉讼的改革措施,在缺乏证据证明正当理由(Merit)的情况下,原告提起诉讼的概率显著降低,并且案件被驳回的概率显著增高。[④] 因此,即便是在美国相对有效率的证券市场和司法系统的支持下,证券集团诉讼制度的实际净收益也并不如理论预测那么显著。鉴于证券集团诉讼高昂的制度成本,罗斯教授认为美国"多头执法"模式导致执法者之间协调难度增加,无法给被监管者提供稳定的预期,建议由 SEC 监督(Supervise)证券集团诉讼。[⑤]

(二)公共机构主导的集团诉讼制度

由于我国证券民事诉讼需要满足行政前置程序,如果期望移植集团诉讼并实现其威慑职能,则需要配套取消行政前置程序。这一改革措施实际上将证监会执行证券法的部分权力,分配给证券律师和法院。支持这种制度安排至少需要满足三个隐含的假设:第一,证券律师和投资者比监管者更能够精确地发现市场上的违法违规行为。[⑥] 第二,法院比证券监管者更有效率,法官裁

---

① 对 PSLRA 改革的探讨,参见郭雳:《美国证券集团诉讼的制度反思》,《北大法律评论》2009 年第 2 期。

② Correia M., Klausner M., "Are Securities Class Actions 'Supplemental' to SEC Enforcement? An Empirical Analysis", *Stanford Law School Working Paper Series*, 2012.

③ Dyck A., Morse A., Zingales L., "Who Blows the Whistle on Corporate Fraud?" *The Journal of Finance*, 2010, 65(6), pp. 2213-2253.

④ Choi S., "Do the Merits Matter Less after the Private Securities Litigation Reform Act?" *Journal of Law, Economics, and Organization*, 2007, 23(3), pp. 598-626.

⑤ Rose A., "Reforming Securities Litigation Reform: Restructuring the Relationship between Public and Private Enforcement of Rule 10b-5", *Columbia Law Review*, 2008, 108(6), pp. 1301-1364.

⑥ 对于内幕交易和市场操纵案件,监管者天然具有信息优势,因而公共执行更有效率(Polinsky M., Shavell S., "The Economic Theory of Public Enforcement of Law", *Journal of Economic Literature*, 2000, 38(1), pp. 45-76)。

判被告是否构成证券欺诈具有专业优势和信息优势。[①] 第三，法院比监管者更不易受到监管俘获，更有能力抵抗违法违规嫌疑人的游说。结合我国现阶段的制度基础，这三个假设并不一定成立，因而移植私人主导的集团诉讼制度的潜在收益是高度不确定的。

在保留行政前置程序的条件下，证券民事诉讼制度的核心目标即转换为最小化投资者请求损害赔偿的制度成本。如果采纳利用规模经济降低维权成本的思路，那么中央代理人将主要承担请求和分配损害赔偿的职能。由于存在行政前置程序，我国证券维权的中央代理人无须积极收集证据证明被告存在欺诈行为，也就无须保有美国证券市场上“企业家式的律师”的强激励。我国台湾地区以非营利性的公共机构“证券投资人及期货交易人保护中心”作为中央代理人的制度设计具有很强的吸引力。从实际运行情况来看，该机构一方面避免了滥诉风险，缓解了投资者与证券律师之间的代理问题[②]，另一方面也为投资者争取到数额巨大的损害赔偿。[③]

在我国移植公共机构主导的集团诉讼制度，还可以带来两方面的额外收益。第一，公共机构作为原告可以提高诉讼的对抗性。由于《虚假陈述若干规定》设定的管辖权规则，相比证券律师，公共机构更能降低审理法院受到被告不当影响的概率。第二，公共机构还可以增加民事赔偿金的威慑力，避免循环赔偿问题。[④] 如果民事赔偿是由企业支付，则是用现有股东的财富去赔偿另一部分股东，而真正从欺诈行为获益的内部人支付损害赔偿较低。对于私人控制的集团诉讼来说，律师最终的目标是诉讼费用最大化，因而其偏好起诉那些富有(Deep Pocket)的被告。而公共机构在起诉时，应当兼顾赔偿和威慑两个职能，即如果行政机构同时处罚了企业和个人，那么应当强制公共机构将企业和个人列为共同被告。当损害赔偿由企业支付，违法企业的董事、监事应当承担法定义务向内部人追索其应支付的赔偿份额。[⑤] 在企业的董事、监事未能承

---

① 由于我国相关法律法规并不完善，监管者在处罚违法行为人时，实际上在制造监管规则(参见彭冰：《内幕交易行政处罚案例初步研究》，《证券法苑》2010年第2期)。

② 吴光明：《证券团体诉讼文化之探讨——美国与我国台湾地区比较法角度之观察》，《交大法学》2014年第3期。

③ 截至2015年，该机构已经完成201件团体求偿案件，为投资者争取到约合98亿元人民币的损害赔偿(《证券投资人及期货交易人保护中心2015年年报》)。

④ Coffee J., “Reforming the Securities Class Action: An Essay on Deterrence and Its Implementation”, *Columbia Law Review*, 2006, 106(7), pp. 1534-1586.

⑤ 我国《公司法》第152条第1款。

担起上述义务时,股东可以提起派生诉讼。[①]

当然,公共机构作为中央代理人也在存在两方面缺陷。一方面,由于诉讼的结果和公共机构关联不大,因而其执法产出可能不足;另一方面,公共机构也面临监管俘获的风险。可以通过以下配套措施减弱上述问题的负面影响。第一,通过引入经济激励,允许公共机构留存一定比例的损害赔偿,作为机构运行的预算,增加其起诉的动力和执法产出。[②] 这种制度设计在一定程度上统一了公共机构和投资者的利益诉求,将显著提高其起诉的积极性和对被监管者游说和腐败活动的抵抗力。第二,引入信息披露机制,强制要求公共机构披露损害赔偿的计算方式和数额,降低监管俘获的风险。因为保留了行政前置程序,公共机构可诉案件的数量是既定的。[③] 公共机构应当根据证券监管者的所有处罚决定,披露损害赔偿的计算方式和数额。经过一定时间的公示和评论后,方可以依据相关方案起诉。该制度设计将引入外部监督机制降低公共机构被俘获的风险。当然,公共机构主导的集团诉讼并不与现行的民事诉讼制度互斥,受侵害的投资者可以主动退出,选择自行提起民事诉讼请求损害赔偿。

五、结　论

法律执行作为公司外部治理机制的重要组成部分,肩负着在事后保护投资者权益的重任。与美国公共执行和私人执行独立运行的模式不同,我国公共执行起主导作用,承担威慑潜在犯罪的职能。而私人执行以公共执行为基础,承担赔偿投资者损失的职能。经过十三年的司法实践,我国证券民事诉讼制度并未有效保护投资者的利益。通过对因证券虚假陈述引发的民事赔偿案件公开判决的实证分析,本文发现证券民事诉讼市场的发展严重滞后于证券市场的发展。由于参与诉讼的成本较高,理性的投资者偏好“用脚投票”,而不

① 我国《公司法》第 152 条第 2 款。

② 莱莫斯(Lemos)和明克胜(Minzner)指出,对公共执行机制的分析忽略了经济激励对执法者的影响,并指出为机构自身提供一定的经济激励将显著增加执法产出(Lemos M., Minzner M., “For-Profit Public Enforcement”, *Harvard Law Review*, 2014, 127(3), pp. 853-913)。

③ 我国证券监管者的公共执法产出在近年来出现了高速增长,特别是证监会的派出机构逐渐成为执法主力,因而行政前置程序不会成为当下公共机构请求损害赔偿的主要限制因素(Xu W., Chen J., Xu G., “An Empirical Analysis of the Public Enforcement of Securities Law in China: Finding the Missing Piece of the Puzzle”, *European Business Organization Law Review*, 2017, 18(2), Forthcoming)。

是利用民事诉讼程序维护自身利益。而投资者和证券律师之间的代理成本进一步降低了投资者获得的预期赔偿。为了有效赔偿投资者的损失，可以建立以公共机构主导的集团诉讼，利用规模经济降低单位求偿成本。公共机构可以避免私人主导集团诉讼的高昂代理成本，降低滥诉的风险。通过引入经济激励和建立信息披露制度，可以有效避免公共机构的监管产出不足和监管俘获问题。

（原载于《山东大学学报（哲学社会科学版）》2017 年第 3 期）

股东滥用权利的司法规制

——法院适用《公司法》第20条的实证分析

贺　茜

2005年我国《公司法》修订时，考虑到"实践中屡屡出现控股股东滥用股东权利损害公司和其他股东特别是中小股东的利益"①，为"避免大股东擅自决定公司事项"②，第20条第1款前半段规定"公司股东应当遵守法律、行政法规和公司章程，依法行使股东权利，不得滥用股东权利损害公司或者其他股东的利益"，第2款规定"公司股东滥用股东权利给公司或者其他股东造成损失的，应当依法承担赔偿责任"。通说认为该条为"禁止股东权利滥用条款"，是公司控制股东对其他股东承担信义义务的规定。③

信义义务"一般被认为是一种法定默示义务，旨在要求行为人在特定关系中对另一方当事人尽最大的忠诚"④，为他人最大利益使用权力。传统公司法理论认为，信义义务的约束对象应当是公司董事和高管而非股东。股东权则被定义为股东自己固有的财产性权利，股东行使权利时原则上"只需要考虑自己的利益"，并不对其他股东负有信义义务。⑤ 然而，在资本多数决默示公司决策原则下，多数股东的意愿往往决定了公司决策，这在股东人数少、经营和所

---

① 深圳证券交易所法律部：《两法实施开辟投资者权益保护新篇章》，2005年12月29日《证券日报》。

② 李有军、刘晓林：《中国大幅修改现行公司法》，2005年10月31日《人民日报》（海外版）。

③ 参见施天涛：《公司法论》，法律出版社2006年版，第217页；朱慈蕴：《对股东诚信义务的再思考》，《中国法律》（中国香港）2007年第8期；梁上上：《论股东强制盈余分配请求权——兼评"河南思维自动化设备有限公司与胡克盈余分配纠纷案"》，《现代法学》2015年第2期。

④ John C. Carter, "The Fiduciary Rights of Shareholder", *William & Mary Law Review*, 1988, 29(4), p. 824.

⑤ Charlesworth and Mores, *Company Law* (14th edition), London: Sweet and Maxwell Press, 1991, p. 430.

有不分的有限责任公司(下称“有限公司”)中表现最为突出。为防止控制股东滥用控制权侵害公司其他股东利益,就需要法院对其行为进行一定程度的审查和限制,实现公司治理衡平。由此,各国立法(司法)逐渐发展出了股东之间信义义务规则。而且相比较公众公司而言,法院更愿意给予缺乏有效退出途径的有限(闭锁)公司的股东以司法上的救济①,“违反信义义务也成为定义是否构成闭锁公司控制股东滥用权利、压榨(迫)其他股东的主要标准”②。

然而,我国《公司法》第 20 条仅是原则性规定,而“公司法的价值需要在实施中体现出来”③。本文将揭示和分类总结《公司法》第 20 条在我国司法实践中的具体实施情况,并在此基础上提出改进的方向。

一、股东滥用权利的司法实践总体情况

(一)样本数据来源

本文收集和研究了截至 2017 年 5 月前“中国裁判文书网”所刊登的全部涉及《公司法》第 20 条相关股东争议案件。共搜集到案件 307 件,经过详细的阅读,删除数据库重复收录案件、公司类型之外(诸如普通合作企业、股份合作制企业等)案件、违反程序性规则被驳回、与股东间纠纷无关(诸如买卖合同纠纷、借款合同纠纷、担保合同纠纷等)案件后,有效样本共 165 件。依据判决书之记载,审结时间主要集中在 2009～2017 年,时间跨度为 9 年。

(二)样本案件基本情况

如表 1 所示,从案件的审理情况来看,收集的 165 件样本案件中,有 80 件经过了上诉(其中 1 件为再审),上诉案件与一审案件数量基本持平。就原告的胜诉率来看,约有 40％的原告获得了胜诉判决,而经过上诉获得改判的案件有 11 件,改判率为 6.7％,高于同期我国一审上诉改判率。④ 这足以说明各级法官对于涉及股东滥用权利类型纠纷的案件在审理过程中存在着较大分歧,

---

① Steven L. Emanuel, *Corporations*, Alphen aan den Rijn: Aspen Publishers, 2002, p.548.

② Brodie v. Jordan, 857 N.E.2d 1076, (Mass. 2006).

③ 王保树:《从法条的公司法到实践的公司法》,《法学研究》2006 年第 6 期。

④ 有关我国一审上诉改判率的相关数据,参见严戈、袁春湘:《2014 年全国法院案件治理评估分析报告》,《人民司法》2015 年第 9 期。

缺乏统一的裁判标准。

从涉案的公司来看，在收集的样本案件中，只有 3 件是针对股份有限公司提起的诉讼，而其余均为有限公司。这容易解释，公众公司股东如果对公司控制人不满意，可以简单卖出股票，无需费时费力提起诉讼，而对于缺乏股份公开转让市场的有限公司，股东出资是被锁定的，如果股东受到侵害和盘剥，寻求司法救济往往就成为几乎唯一的选择。

涉诉公司大多是注册资本在 500 万元以下(500 万元以上的仅占 23.6%)的小型公司。一个可能的原因在于，如果股东出资额较大，事先往往会寻求律师的帮助，或仔细斟酌在章程中写入保护自身出资利益的条款，而出资较少的股东也许没有动力或经验为自己提供事前的合同保护。

对于涉诉原被告股东基本情况的描述分为“是否在公司担任职务”和“持股比例”两部分，以达到初步验证诉争双方对公司经营管理影响力大小的目的。数据显示，收集样本案件中原告担任公司董事或高管的案件只有 13 件，而被告担任董事或高管的案件多达 96 件。同时，原告股东持股在 50%以上的只有 9.7%。由此可见，司法实践中有关股东滥用权利的纠纷主要是少数股东针对多数(控制)股东提起的诉讼。

表 1　　案件基本情况描述

样本案件基本情况		数量	比例
审级	一审	85	51.5%
	二审	79	47.9%
	再审	1	0.6%
判决结果	支持原告诉求	65	39.4%
	驳回起诉	100	60.6%
	改判	11	6.7%
涉诉公司类型	有限责任公司	162	98.2%
	股份有限公司	3	1.8%
涉诉公司注册资本(万元)	0～10(包括 10)	9	5.5%
	10～500(包括 500)	56	33.9%
	500～1000(包括 1000)	14	8.5%
	1000 以上	25	15.1%
	注册资本文书未载明	61	37.0%

续表

样本案件基本情况		数量	比例
股东人数	2人	44	26.7%
	2～5人(包括5人)	73	44.3%
	5人以上	25	15.1%
	股东人数文书未载明	23	13.9%
原告身份	董事/高管	13	7.9%
	监事	6	3.6%
	普通股东	135	81.8%
	身份不明	11	6.7%
原告所占股权比例	33.3%以下(包括33.3%)	68	41.3%
	33.3%～50%(包括50%)	40	24.2%
	50%～66.7%(包括66.7%)	9	5.5%
	66.7%以上	7	4.2%
	股权比例文书未载明	41	24.8%
被告身份	董事/高管	96	50.4%
	监事	3	2.2%
	普通股东	35	25.2%
	身份不明	31	22.2%
被告所占股权比例	33.3%以下(包括33.3%)	22	13.3%
	33.3%～50%(包括33.3%)	27	16.4%
	50%～66.7%(包括66.7%)	25	15.1%
	66.7%以上	35	21.3%
	股权比例文书未载明	56	33.9%

(三)样本案件诉由

在有限公司内控结构中,经营和所有通常并不分离,股东作为投资者经常亲自参与公司管理,公司董事会的决定大多体现了控制股东的意志。与传统公司法中公司董事的信义义务分类相同,股东之间的信义义务也相应区分为股东之间的忠实义务和善管义务。我国学界通说认为,《公司法》第148条可作为判断忠实义务的判断标准,但对于善管义务《公司法》并没有明确规定。[①]忠实义务规制的是自利行为,即利用公司财产(或机会)为个人谋利或者违反公司法或公司章程规定进行有利益冲突交易;善管义务则要求尽到一般理性人在履行管理职责时的谨慎和勤勉。[②] 由此,本文将原告诉由为控制股东侵占和挪用资产、自我交易、泄密、占用公司机会等情形归于忠实义务纠纷,将为公司经营、商业判断相关的诸如不当管理、盈余分配等诉称归于善管义务纠纷。

基于原告诉求事由,本文将样本案件分为七种类型。其中,涉及股东利益冲突交易类型有三类,包括"侵占资产"(含挪用公司财产、擅自出售或分配公司财产、关联交易、违规将公司财产对外担保等)、"伪造签名"(包括伪造签名转让股份、伪造签名通过增资决议等)和"其他违反忠实义务"[③]。"不当管理"(股东在担任公司董事或高管过程中的失职行为)、"盈余分配纠纷""排挤管理"以及"增资纠纷"这四类则归于股东违反善管义务,因为至少从原告诉请事实看,该四类纠纷均针对的是公司股东会或董事会所作出的商业决策的合法性质疑。

如表 2 所显示,在全部 165 个案件中,原告诉请侵占资产类案件最多,总数为 98 件,占比 59.4%。如果加上"伪造签名"及"其他违反忠实义务"类纠纷,总数为 119 件,总占比高达 72.1%。这说明,控制股东通过侵占公司资产等"传统"方式滥用权利在中国公司实践中仍属于"高发"事件。而涉及股东违反善管义务的案件中,诉称管理排挤、盈余分配纠纷、不当管理这三类案件数量较多。这其实也符合笔者预期,因为在有限公司中,控制股东除了通过关联交易、挪用公司财产等显而易见的方式滥用权利外,通过解除其他股东职务或拒绝公司分红等貌似合法的"隐蔽"行为以达到压榨和排挤股东的目的,也是常见现象。

---

① 参见邓峰:《普通公司法》,中国人民大学出版社 2009 年版,第 463～467 页;王继元:《控制股东对公司和股东的信义义务》,法律出版社 2010 年版,第 198～209 页;徐晓松、徐东:《我国〈公司法〉中信义义务的制度缺陷》,《天津师范大学学报(社会科学版)》2015 年第 1 期;刘凯:《控制股东的信义义务及违信责任》,《政法论坛》2009 年第 2 期;王军:《公司经营者忠实和勤勉义务诉讼研究——以 14 省、直辖市的 137 件判决书为样本》,《北方法学》2011 年第 4 期。

② Charles R. T. O' Kelley and Robert B. Thompson, *Corporations and Other Business Associations Cases and Materials* (*Seventh Edition*), Alphen aan den Rijn: Wolters Kluwer Law & Business, 2014, p. 281.

③ 主要包括同业竞争、非法减少注册资本、强占公司公章、拒绝履行工商部门变更手续等情形,因每种情形只涉及一件样本案件,故不再单独分类。

表 2　　样本案件诉由分类

	案件数量	支持原告诉求案件数量	驳回原告诉求案件数量	原告胜诉率
侵占资产纠纷	98	37	61	37.8%
伪造签名纠纷	13	8	5	61.5%
其他违反忠实义务纠纷	8	3	5	37.5%
不当管理纠纷	15	7	8	46.7%
盈余分配纠纷	15	7	8	46.7%
排挤管理纠纷	15	2	13	13.3%
增资纠纷	1	1	0	100%
合计	165	65	100	39.4%

二、股东滥用权利的裁判规则整理

(一)"忠实义务"纠纷裁判规则

在 98 件"侵占资产"类案件中,有 13 件为原告诉请向公司赔偿(或返还财产),法院支持 5 件,驳回 8 件,驳回的理由均为证据不足。此类案件实为股东派生诉讼,即使原告胜诉,诉讼的最终受益人也为公司而非原告个人。而绝大多数原告依据《公司法》第 20 条规定要求法院判决被告向其直接进行损害赔偿,法院支持 32 件,驳回 53 件。如果排除法院认定原告主张的事实理由证据不足外(18 件),剩余 67 件案件中,原告胜诉比例大致占到一半。

有 35 件案件法院驳回原告诉请,法院认定被告行为直接侵害了公司而非股东利益,均以"公司损失不等于股东损失","原告没有证据证明股东利益受到直接损失应以公司名义诉讼,主张权利"等理由驳回诉讼。[①] 虽然判决理由表述些许不同,法院实际都是认为公司利益和股东利益并不等同。然而,也有很多法院(32 件)支持股东直接提起损害赔偿诉讼。例如"周臣与蔺沛、罗景

① 例如:"赵兴格、李星伟诉黄斐、第三人东莞市格非电器有限公司损害股东利益责任纠纷案"[(2013)东三法民二初字第 2296 号]中,被告黄斐在经营公司过程中,隐匿账目导致公司资金去向不明且存在利益冲突交易,原告诉求赔偿个人损失,但法院认为"公司的财产不能等同于股东财产。股东无权以公司财产的减损为由直接主张股东利益损失,应以公司名义诉讼主张权利"。

田、马铁成、松原市长江房地产开发有限公司损害股东利益责任纠纷案"[①]中，被告与第三人恶意串通未经原告同意低价出售公司财产。法官直接认定被告的行为损害公司和原告利益，并依据资产评估机构对被出售财产的评估价格，将"评估价格"与"第三人实际给付价格"的差价部分乘以原告股东持股比例，作为损害赔偿的金额赔偿给原告。在这些案例中，裁判文书关于赔偿计算的言语表述并不相同，但从最终裁判结果来看，法院一般都是以股东享有股权的比例为基础，结合被告股东的获益多少，计算出对原告的损害赔偿数额。[②]

(二)"善管义务"纠纷裁判规则

涉及股东违反善管义务的案件中，主要分为原告诉称排挤管理、盈余分配、不当管理以及增资纠纷四类案件。虽然前三类案件数量相同，但是排挤管理纠纷类案件原告几乎全部败诉。法院驳回原告诉求的主要理由有"案涉纠纷为公司内部法律关系"，"被告行使的是多数股东的权利，不属于法院应当审查的范围"，"在法律并无强制性规定的前提下应当由公司自主决定、自我经营、自我管理"等。例如"刘武汉与孔德星、洪关建、张晓平、王文佳、郑谴印损害股东利益责任纠纷案"[③]中，法院认为"对于股东会召集、主持的形式，在法律并无强制性规定的情况下，应当由公司权力机构自主决定……原告诉求有违公司自我管理"。也有法院对于被告是否有滥用股东权利避而不谈，直接以原告没有证据证明公司或者股东利益受到损害驳回起诉。[④] 收集的样本案例中，只有 2 件原告的诉求得到了法院的支持。例如在"湖南胜利湘钢钢管有限公司与湖南盛宇高新材料有限公司公司决议纠纷案"[⑤]中，原告主张被告滥用多数股东权利通过公司决议修改公司章程(取消少数股东的董事名额及公司副总经理的提名权)，诉求决议无效。法院认为被告的行为属于利用"资本多数决原则变相侵害出资较少股东的利益"，故决议违反法律规定判决无效。

在公司盈余分配纠纷案件中，法院的态度出现了明显的分野：有 7 件法院

① (2013)松民二初字第 27 号。

② 例如"胡志起、盱眙众成玻璃钢有限公司与李登石损害股东利益责任纠纷"案[(2014)衡民二终字第 57 号]。

③ (2014)涧民二初字第 249 号。

④ 例如"万绍安与谭英红、重庆宝光煤业有限责任公司、重庆市国土资源和房屋管理局损害股东利益责任纠纷案"[(2015)渝二中法民终字第 00155 号]。

⑤ (2015)潭中民三终字第 475 号。

支持原告诉求,8件不予支持。约占一半的法院确信股东有权获得盈利分配,因为"股东依法享有资产收益权利"。如"易广军与泰州市恒创网络信息有限公司损害股东利益责任纠纷案"[①]中,原告以常年拖欠股东分红催要无果为由诉求归还分红欠款。法院认为原告作为公司股东依法享有股权,根据公司审计报告,直接判决被告支付原告应得分红款。而另一半法官们则秉持司法不能介入公司自治的态度,拒绝给予原告救济。如"李弓因与河南紫鼎实业有限公司损害股东利益责任纠纷案"[②]中,原告诉求法院要求公司补发红利,法院认为"虽然依据《公司法》规定,股东能够依照出资比例获得盈余分配,但具体如何分配仍旧取决于董事会或股东会决议,法院无权干涉"。

不当管理类案件共有15件(支持7件,驳回8件)。不同法院对于如何认定公司控制人存在不当管理行为存在较大分歧,有法院认为应当对公司行为进行实质审查,有法院则认为不应代替公司机构进行决策判断,主张形式审查。在"南阳市鸿源投资有限公司诉河南三源粮油食品有限公司损害股东利益责任纠纷案"中[③],原告认为被告单方决定停止公司的生产经营活动,使原告的投资无法产生经济效益,诉求赔偿投资损失,法院认为"被告在未征得其他股东同意的情况下滥用股东权利私自暂停公司项目,致使原告股东利益受损",故判决赔偿投资款及利息。而在"胡建明与陆斌损害股东利益责任纠纷案"[④]中,同样是擅自终止公司租赁合同,停止经营活动,法院却认为法定代表人(控制股东)是在履行正常的经营管理职责,原告无法证明被告有违反善管义务的行为,故判决驳回。

三、法院裁判规则评析

(一)忠实义务裁判规则

对于违反忠实义务的案件而言,法院主要是通过被告是否存在《公司法》第148条列举的七项情形判断,对于被告是否存在滥用股东权利侵害原告股

① (2013)泰海商字第1341号。

② (2014)郑民四终字第148号。

③ (2015)桐民商初字第00049号。

④ (2016)沪0118民初3700号。

东利益行为的认定一般不存在障碍。问题的核心在于诉讼方式,如果被告挪用公司资产等是侵害了公司的利益(共益权),那么原告能否提起直接诉讼,主张对自身的直接救济,如前所述,法院有对立的回答。

《公司法》第 20 条是《公司法》总则对"禁止权利滥用原则"的阐述。因此,遵循目的解释和体系解释的法律解释方法,《公司法》第 20 条的规定不仅应当包括股东自益权受到损害,也应当涵盖共益权。如果法院固守侵害公司利益的赔偿只能由公司提起,在很大程度上会将第 20 条虚置。

当股东损害公司整体利益时,尽管《公司法》第 151 条规定了股东派生诉讼,受损股东可以据此要求侵害公司利益股东向公司返还财产或赔偿损失,但不仅"由于缺乏公司诉讼成本承担制度设置,中国公司极少有股东提起过派生诉讼,第 152 条至今仍是个停留在公司法纸面上的制度"[①],更重要的是,派生诉讼实际效用严重存疑。如果多数股东侵占公司财产,少数股东提起派生诉讼即使胜诉,返还的财产还会重新处于多数股东控制之下,多数股东只是本次被取消了不当利益。多数股东此后仍然掌控公司,无法保证少数股东不会再次被盘剥或受到不公平对待。例如"陈志雄与陈志文损害股东利益责任纠纷案"[②]中,一审法院认为:"被告在公司重大经营策略发生改变之前未按照《公司法》及《公司章程》的有关规定召开董事会并造成公司利益遭受巨大损失,应当对其他股东承担赔偿责任"。但二审法院却认为,该行为"指向的均是对凯旋公司造成的损失",拒绝给予直接救济。然而,事实上本案当事人已经进行了长达十多年的诉讼,公司名存实亡。一味强调公司财产与股东财产的分离只会降低少数股东获取仅存剩余利益的可能性,股东需要更直接的手段来保护自己的权益。

与股东众多的公众公司不同,有限公司作为独立法人的整体利益与股东单独个人利益的区分更多体现在形式上,严格区分对股东的伤害和对公司的伤害在人数较少的公司中没有多少实际意义。[③] 如果派生诉讼针对的是侵害公司财产的公司控制人时,股东可以直接取得损害赔偿。[④] 早在上个世纪,美

---

① 耿利航:《论我国股东派生诉讼的成本承担和司法许可》,《法律科学》2013 年第 1 期。

② (2014)赣民二终字第 13 号。

③ Deborah A. DeMott, *Shareholder Derivative Actions: Law and Practice*, Eagan: Thomson West, 2003, pp. 34-35.

④ Easton v. Robinson, 19 R. I. 146, 32 A. 339(1895).

国第九巡回法院在沃森诉布顿(Watson v. Button)[①]案中就确立了在闭锁公司中可以适用直接诉讼,并判决对个人进行补偿。"闭锁公司中的董事与公司利益存在着千丝万缕的联系,在这种情形下不存在无利害关系董事和多元化诉讼的可能性,因此派生诉讼是不切实际也是不必要的。"[②]加强派生诉讼的程序和实体限制,有时会抑制而非促进股东之间公平有效的解决争议。美国法律协会也指出,在有关闭锁公司的案件中,"法院就应该有衡平法上的权力将诉讼作为直接诉讼来处理,以避免那些本该非为该类案件而设计的程序性障碍"[③]。

(二)善管义务裁判规则

根据传统公司法理论,公司是自治主体,对于公司决策机关作出的公司决议,法院应该给予尊重,仅考查决策程序的适当性,而对于决策内容一般不作审查。指导性案例"李建军"案即遵循了这个原则。法院认为,对于解聘李建军总经理职务的董事会决议,"无需审查决议所依据的事实是否属实","对于公司事务的判断,公司本身最有发言权,法院不能替代公司作出商业判断","如果司法机关深入审查解聘理由所涉事实是否属实,则对公司的内部治理就会干预过度,影响公司的正常运作"[④]。也许是因为该案的"指导性"约束,如前所述,对于涉及公司管理排挤的样本案件中,原告几乎全部败诉。

与公众公司不同,在人数较少的有限公司中,公司董事或者是股东自身担任或者是股东的代言人,董事会或股东会的决议经常代表了控制股东一方意志,公司控制者经常处于交易两端,公司决策成为事实上的利害交易。有限公司股东投资回报经常通过雇佣报酬形式发放给股东,股东被公司雇佣既是获得劳动报酬也是取得投资"分红"。而如果控制股东通过公司股东会决议开除股东任职资格,排除公司其他股东参与公司管理,这将使被封闭在公司的股东很大程度上无法取得应有的出资回报(即使控制股东不存在违反公司忠实义

---

① 235 F. 2d 235, 9th Cir. 1956.

② F. O' Neal & R. Thompson, *O'Neal and Thompson's Close Corporations and LLCs: Law and Practice*, Eagan: Thomson West, 2008, § 9:22.

③ 美国律师协会(ALI):《公司治理原则:分析与建议》下卷,楼建波等译,法律出版社 2006 年版,第 535 页。

④ 参见最高人民法院案例指导工作办公室:《〈李建军诉上海佳动力环保科技有限公司公司决议撤销纠纷案〉的理解与参照》,《人民司法》2014 年第 6 期。

务侵占公司财产等行为,这也可以看作多数股东单方面决定为自己发放股利的利益冲突交易),祈求控制股东低价回购自己的股份便成了唯一的出路。

在美国,股东之间的信义义务正是从法院对公司排挤少数股东参与公司管理、拒发红利等传统"商业判断准则"领域中发展出来的。在 Donahue v. Rodd Electrotype Co. ①案中,美国马萨诸塞州最高法院确立了闭锁公司股东之间的直接信义义务,控制股东违反对其他股东的信义义务构成对其他股东的"压迫",成为美国法院对少数股东提供特别救济的基础性案例。法院认为,闭锁公司与合伙企业存在着基本相似的人合性和封闭性特征,因此虽然闭锁公司是法人,但这个法人人格背后的股东关系与合伙人之间的关系没有多少区别,闭锁公司本质上是一类"公司化的合伙"。在现实生活中的闭锁公司里,少数股东很脆弱,常常会受到多数股东的压迫和排挤,但少数股东无法对这些压迫行为起诉,因为股利的分配与雇佣关系的解除属于传统的多数股东裁决权限。为救济少数股东,闭锁公司投资者之间应承担与合伙人彼此间类似的信义义务,即那种"最高的信赖与忠诚"的义务。这个义务要比公司股东、董事对公众公司或股东的信义义务更为严格、要求更高。公司对罗德(Rodd)股份的购买实质上是控制股东对公司财产的一种优先分配和获益,剥夺了其他股东的"同等机会",该行为构成对少数股东的压榨。法院判令要么公司退回控制股东的股份,要么以同等价格收购原告股东的股份。

一年后,在威尔克斯诉泉边护理之家有限公司(Wilkes v. Springside Nursing Home Inc.)②案中(与前述"李建军"案情类似)法院认为,虽然公司董事会确实有权因为犯错或失职而开除任何职员,但原告并没有上述不当行为,三个股东仅仅是出于个人的意愿而剥夺了原告继续为公司服务并取得报酬的权利。由于闭锁公司的特性以及在实践中出于避税的考虑,闭锁公司股东的投资收益包含在他的工资中,所以如果免除了其职位、剥夺了他的工资,使原告失去了唯一从公司中获得收入的途径,等于是变相导致原告对他的投资一无所获,因此构成了对原告的剥削与压迫。

对于股东善管义务的判断与鉴定,美国更多的州采纳了信义义务理论的

① 328 N. E. 2d 505 (Mass. 1975).

② 353 N. E. 2d 657 (Mass. 1976). 在该案中,原告威尔克斯(Wilkes)是被告泉边公司(Springside)的四个自然人股东之一,后来原告和其他股东出现争议,其他股东召开股东会罢免了原告的董事资格,董事会随后开会解除了原告在公司担任的管理职务。

变种——合理期望理论。该理论主张股东之所以愿意投资是因为享有特定的期待。因此如果公司管理模式、投资策略、股东之间的信任关系等发生重大变更,导致股东的期望落空,将构成对少数股东的“压迫”。美国纽约州上诉法院因瑞肯普和比特力(In Re Kemp & Beatley)[①]案是一个标志性判例。在本案中,原告是公司的两名小股东,同时也是公司的老员工。他们被公司辞退后,诉称公司控制股东实施了“压迫”行为而想将他们排挤出公司。法院认为,许多闭锁公司的参与者都是对商业和投资事务不甚明了的小人物,而且经常将其所有的资产投资进闭锁公司。对于这些小股东,即使没有明示协议但也可以合理推论得出,股东投资的目的是能够成为一个公司主要雇员,分享公司收益,对公司经营有发言权,或拥有其他形式的保障。如果公司的其他人试图挫败这些期望而且没有其他方式挽救投资,这个股东会在非常真实的意义上受到压迫。

当然,法院对公司内部管理的介入并非是没有限度的,法院必须在维护控制股东对公司的控制利益和保护小股东之间取得平衡。[②] 在威尔克斯(Wilkes)案中,法院对多纳休(Donahue)案中“同等机会”规则施加了限制。如果控制股东能够举证证明自己的行为有正当的商业目的,是本着公司的最大利益,那么除非少数股东能够证明还存在其他更少损害其利益、同样能达成商业目的的方式,控制股东的行为就不违反“同等机会”规则。在因瑞肯普(In Re Kemp)案中,法院也指出,对于少数股东“合理期望”的认定应当有一些标准。主观上,股东的“合理预期”不仅仅是其个人主观上的希望,而应当为控制股东知道或应当知道该少数股东在进入公司时即已持有的希望。如果仅是少数股东单方面的、私下的期望得不到满足,不构成压迫。合理期待是公司参与者决定是否投资的潜在核心考量因素,但这一期待必须是公司其他参与者知悉的,否则不能称之为“合理”。[③]

虽然公司章程是证明股东合理期待的有效证据,但是并不是唯一的来源。许多闭锁公司的参与者对公司经营并不擅长,这些“无知”投资者不可能总是有机会在公司章程或股东协议中对自己利益进行事先的保护,或出于谈判成

---

① 473 N. E. 2d 1173, 1177 (N. Y. 1984).

② 参见耿利航:《公司解散纠纷的司法实践和裁判规则改进》,《中国法学》2016 年第 6 期。

③ High Point Bank and Trust Co. v. Sapona Mfg. Co., Inc., 713 S. E. 2d 12 (N. C. Ct. App. 2011).

本考虑,或因顾忌感情因素谈太多“伤面子”,而导致章程并未记载股东所可能达成的全部合意,因此股东之间的合意不仅体现在公司章程中,也体现在股东设立公司通常所抱有的合理希望(如参与公司经营、通过薪酬获得投资收益、拥有特定事项的表决权等),以及具体公司日常商业行为中所表现出来的股东相互的合作意向。

如前所述,可能是因为指导案例的影响,对于管理排挤案件,法院一般会驳回原告诉讼,但其他涉及善管义务的案件,却都约有一半的法院倾向于对股东公司经营行为进行更加细致的审查。存在的问题是,国内法院在论述被告存在权利滥用时,基本上是一笔带过,直接作出判断,用论断代替说理,不能以理服人,多少给人以武断之嫌。严格地说,法院对于被压迫股东的救济,是根据案情事实情况能够合理推导出来的股东正当期望,不是法院对公司股东之间拟定合同的“额外”补充,而是对股东已经存在的合意的“确认”,法院介入是在尊重公司股东“原有”合意的基础上的。因此,在认定股东是否有滥用权利的过程中,裁判者应当具体问题具体分析,去发现隐含的股东合理期待而非局限于外在章程文本是否存在“过错”进行认定。比如,公司有权利决定是否将公司的盈余作为累积资本发展公司业务而非向股东分派股息,但是这种不分配股息的决策必须建立在诚实的判断和善意之上。如果股东操纵公司董事会拒绝分红是为了达到排挤其他股东等公司利益最大化之外的目的,就可以被认定为违反了其对其他股东所负的信义义务。又比如,参与经营管理也是少数股东投资有限公司的重要理由之一,因为参与经营管理公司能够给股东提供有效管理自己投资的机会。在有限公司中,这种参与管理的能力显得尤为重要,毕竟股东通常会将自己几乎全部“身家”投入到公司中,因此他们需要一些方式来保护自己的投资。① 因此,除非股东明示放弃或基于合理的理由(比如存在股东盗窃公司资产行为),法院应该推定不当排除股东参与公司经营管理权利的行为存在过错,违反了股东间的信义义务。“任何限制少数股东参与公司经营都必须具有正当合理的商业目的”②。

---

① Douglas K. Moll, “Reasonable Expectations V. Implied-in-Fact Contracts: Is the Shareholder Oppression Doctrine Needed?”, *Boston College Law Review*, 2001, 42(5), pp. 1015-1016.

② Benjamin Means, “A Voice-Based Framework for Evaluating Claims of Minority Shareholder Oppression in the Close Corporation”, *The Georgetown Law Journal*, 2009, 97, p. 1242.

四、结　论

法律通过任意性规范赋予了公司自我管理的权利，但并不意味着将司法手段与公司自治相隔离。“司法介入公司是保障公司自治、矫正公司自治机制失效的重要手段”[①]，信义义务正是司法介入公司治理的主要制度依托。值得欣慰的是，从中国司法实践看，尽管法律规定模糊，很多法院已经正确认识到《公司法》第 20 条的核心价值所在，积极发挥司法能动性，对于滥用股东权利的认定，救济方式的采用等方面都颇具创造性。《公司法》第 20 条作为法院据审查的法律条文管道，其平衡股东利益的正面效用已经开始逐步显现出来。对于实践中仍然存在的法院认识不统一、判决说理简单、实质判断规则缺乏等问题，需要司法实践的积累和发展，而最高人民法院日后也可以通过发布司法解释或指导性案例等多种方式，给予下级法院审理此类案件更多的指引。

（原载于《山东大学学报（哲学社会科学版）》2017 年第 6 期）

① 奚晓明：《当前民商事审判工作应当注意的几个法律适用问题》，《法律适用》2007 年第 7 期。

政策实证分析

“三留守”乡村的社会秩序及其再造

解永照　任建华

在我国，大部分处于现代化、城镇化边缘的传统乡村，“三留守”人员已经成为乡村的主力人群。据民政部2015年统计的数据显示，目前中国农村留守儿童超过6000万，留守妇女有4700多万，留守老人约有5000万。[①] 人数总量非常惊人，上述“三留守”[②]人员问题就是乡村问题中具有典型性的问题。对于这一问题，社会学界已经加以关注，并取得了大量的研究成果。但笔者也发现，对于这一社会问题的法律观察和思考尚显不足，有社会性强而规范性弱的缺憾，因而，笔者将就该问题主要围绕案件类型来展开论述，而不会泛化成广义的社会学问题来研究。

一、“三留守”问题的形成

在城乡二元格局的背景下，城市群体由于自身的社会竞争优势以及建国以来工业化的目标，获得了国家倾斜性的资源支持，获得了更多的工作机会、劳动收入、工作环境、社会保障、住房交通和医疗教育等领域一系列的特殊政策，城乡待遇差别有数十项之多。改革开放以来，随着新型工业化和城镇化的开展，虽然城乡之间的藩篱开始松动，城乡流动趋于频繁和渠道多元，但城乡二元户籍制度依然存在。当前，随着人口规模与素质控制发展思路的主导，一

① 《中国农村空心化日趋显著　留守人员总数超1.5亿》，http://gb.cri.cn/42071/2015/06/02/8011s4983476.html，访问时间：2016年10月8日。

② 所谓“三留守”人员就是农村留守老人、留守妇女和留守少年儿童（一般所说的“三留守”中的留守儿童的范围较窄，很多问题不能囊括，所以本文用“留守少年儿童”取代“留守儿童”），是中国现代化进程中一部分相对弱势的人群的集合。

些间接的驱逐方式被不断地“发明”出来。如马流辉调查发现,“在新的发展阶段,地方政府只能采用一些间接而柔性化的方式调控人口。面对异地务农群体在上海农业生产领域的不断膨胀,以粮食类家庭农场为组织形式的实质性规模经营,便成为地方政府间接驱逐异地务农者的重要策略”①。这使得我国在当前的现代化进程中,城乡流动还是一种城市本位下的不对等流动,乡村向城市的准单向流动也是一种对城市有利和城市控制下的资源输出。

就人口迁移而言,农村人口向城市的转移有高端智力、资金资源通过教育及创业向城市的完全转移,及低端体力劳动力以时间阶段性和人员部分性为特点的非完全转移两种形式。② 第一种形式的转移问题相对较少,也不是太尖锐,大都是社会化不充分的问题,社会影响和关注度较小。而第二种形式则问题较多,对于城市和乡村都造成了程度不等的影响,“三留守”问题即源于此。“三留守”问题就是乡村家庭的非整体性迁移与城市对于农村人口的选择性拒斥的结果。乡村优质人力资源向城市的不均等流动造成了乡村人口的“三留守”化,这种态势使乡村的整体社会结构、家庭结构直至个体都发生了质的变化,家庭秩序和社会秩序遭到双重破坏。中国的乡村人口迁移与家庭整体迁移不同步,家庭成员按照现代性的适应能力分解长期处于分离状态,从而产生了大量“准残缺家庭”。由“准残缺家庭”重组而成的现实乡村愈加贫弱与凋敝,社会秩序也必然会按照新的基层构件加以重组,并在实践中形成着新的运作逻辑。其中一个重要表现就是家庭边界的模糊和乡村子系统连接的紧密化。

“三留守”人员社会关系网络的变化主要体现在家庭边界的模糊化③与社会关系网络拓展。

一方面,家庭“事实”范围的进一步缩减。家庭是社会的基本单位,内含着亲子关系、夫妻关系等,围绕着核心家庭还会形成子家庭与父家庭组成的大家庭,包含同胞兄弟姐妹家庭、姻亲家庭在内的家庭组(可以称为差序家庭组)。应该说,围绕着核心家庭所形成的差序结构是从传统的熟人大差序(宗族、村落范围乃至广义同乡)社会格局向现代生人社会转化过程中熟人社会的不多

① 马流辉:《间接驱逐与身份改造——大都市郊区农业规模经营的治理逻辑》,《中国农业大学学报(社会科学版)》2016年第6期。

② 杨金龙:《失地农民城市融入的代际差异及其分类管理机制》,《山东社会科学》2016年第11期。

③ 吕青:《留守家庭:结构分化、适应与重构》,《西北人口》2014年第2期。

遗存。虽然差序家庭组的紧密程度也在逐渐消解、淡化,父家庭与子家庭关系逐渐疏离,但这种熟人特性还是很鲜明的。核心家庭的稳定和完整更是不容置疑的。而"三留守"家庭则呈现为核心家庭的进一步疏解,并且往往是核心家庭成员离开家庭进城。这就造成了夫妻关系、亲子关系的疏远乃至缺失,多元家庭关系单一化。这样一种生人化应该说已经超过了现代社会对于生人社会的容许程度,是一种病态的生人化,以西方生人化的程度来检视也不具合理性,已经破坏了家庭的基本功能。

另一方面,在家庭结构和功能遭到破坏的情况下,只能通过拓展家庭的外围网络来汲取资源补充家庭。这需要模糊家庭的边界,降低家庭的对外交往门槛来延展熟人空间,实现家庭关系网络与社会关系网络的联通。首先是差序家庭组的再度紧密化,特别是由于留守妇女在留守家庭中地位的提升,姻亲关系网络的紧密化超过了一般以男性为中心的亲属关系网络。其次是邻里关系的紧密化,守望相助的传统开始复活,"三留守"人员的同侪交往变得频密。最后是家庭与村、乡等基层社会组织、政治组织关系的紧密化,公共事务对留守家庭的重要性日益凸显,留守乡村的社会组织化程度有所提高。[①] 综合而言,家庭成员的非完全进城导致了家庭结构的残缺,这种残缺的修复导致了家庭边界的模糊化与社会关系网络拓展,从而再度达成结构平衡和功能和谐。问题是,这种乡村要素和结构构成的结合与再平衡与外部的现代世界的发展趋势是相逆的,是一种传统结构的局部和暂时性回潮,并且他们的结合与运作也是浅层次、不紧密、不周延的,是一种不得已。即使是身在其中的主体也并不积极地维护这种秩序,所以只能起一种查漏补缺而非定海神针的作用。

二、"三留守"人员案例[②]的法律社会学分析

从法律社会学的角度看,"三留守"乡村的社会秩序的总体形势是恶化了的。弱乡村,弱家庭,弱个体,总之就是乡村的整体弱化,这种弱并不是社会进化的自然结果,而是我国片面现代化和制度倾斜的人为选择,不具恒常性,其

---

① 当然,这是根据政府对"三留守"人员事务的关注程度差异而定,一些劳务输出大省、大市、大县大都派驻了驻村干部,或者就地加强村级、乡镇的"三留守"人员服务职能。

② 本文所说的"案件"是一个社会学意义上的案件,包括法律案件,也包括其他反秩序行为。但对于一般的社会问题,如老年人自杀等不予涉及。

秩序维护的难度不言而喻。对“三留守”人员存在的问题进行法律社会学考察,能够将问题予以鲜明地呈现。

1. 留守妇女问题的法律社会学分析

有学者认为,农村留守妇女大多数有较大的生活压力感;两地分居导致她们处于性压抑状态,孤单感强;烦躁、压抑等不良情绪在丈夫外出务工后明显加剧;性骚扰、不安全生活事件以及对丈夫的担心导致她们的安全感降低。[①] 应该说,这一论述还是非常全面的,概括了留守妇女精神和身体上面临的问题。这些问题的存在客观上导致了留守妇女案件类型上的对应性,规定了案件内容的特定性。

留守妇女与外出打工丈夫长期两地分居,感情交流较少,性生活匮乏,性需求压抑,处于“准离婚”状态。这样的状态导致了的结果主要有:一是留守妇女离婚案件发生率较普通妇女大幅提高[②],并且这类离婚案件一般都是由留守妇女提出。留守使婚姻契约的内涵已经缩减至生儿育女这样一个最狭窄的社会功能部分,感情交流与生理互足等夫妻关系的主体性内容基本灭失,婚姻对于夫妻双方已经名存实亡。这已经不是一个单纯的伦理道德问题了,留守妇女提出离婚应该得到社会的同情式理解。另外,还有一个原因也要考虑,就是外出丈夫由于开阔了眼界,增长了技能,甚至在外结成了“临时夫妻”,对于留守妻子日益不满和不屑,言语不尊重乃至家庭暴力,婚姻的精神纽带也与生理纽带一样风雨飘摇。二是留守妇女有婚外情感出轨和性出轨行为的比例较高。据一项调查显示[③],其所访谈的两个县的 6 名留守妇女均有精神出轨或行为出轨现象,当然精神出轨的比例更高。留守妇女“牛郎织女”式的婚姻生活造成了精神和生理的极度需求,情感出轨和性出轨实际主要是对需求的一种回应。三是对留守妇女的性骚扰现象非常严重。据某人口输出大省的一项统计,性骚扰七成指向农村留守妇女。[④] 由于丈夫外出打工,留守家庭妇弱子幼,

---

① 吴惠芳、叶敬忠:《丈夫外出务工对农村留守妇女的心理影响分析》,《浙江大学学报(人文社会科学版)》2010 年第 3 期。

② 这一结论是从农村离婚案件数量前后数据和劳务输出地区与非输出地区离婚数据的综合对比得出。根据笔者先前的一个留守妇女研究项目的调研,四川、湖南、安徽、河南等跨省劳务输出大省的妇女离婚因素中,配偶外出打工导致家庭关系恶化并最终离婚的比重从 20 世纪 90 年代中后期一直呈现增长态势,到 2012 年基本稳定下来。

③ 任义科、杨力荣:《婚姻合约的脆弱性:留守妇女精神出轨和行为出轨》,《南方人口》2014 年第 3 期。

④ 具体数据来源于新华网,http://news.xinhuanet.com/legal/2006-06/30/content_4770673.html,访问时间:2016 年 9 月 10 日。

加之留守环境下乡村的整体社会秩序自我维持能力也下降了，对于性骚扰者的内外威慑都不足，留守妇女在物理上就成为农村男性性骚扰的最佳选择对象。同时，乡村的留守化也一定程度上造成了乡村性禁忌的稀薄化，留守妇女成为了乡村社会公共活动的主体，由于实际性生活的匮乏，性话题在不少场合成为妇女社交聚会谈论的中心，并“庸俗化”和低端化。这也造成了对一些乡村男性的刺激和引诱，是留守乡村性骚扰增多的一个精神因素。

从后果的视角看，留守妇女既可能成为犯罪的受害者，也可能成为犯罪的实施者。在“三留守”乡村的环境下，社会环境和留守妇女自身的变化，使涉及留守妇女的犯罪呈现出一些鲜明的特征，易发一些特定犯罪种类。

一是留守妇女犯罪的行为暴力化、后果严重化突出。妇女在中国社会中长期处于一种弱势的地位，养成了她们善于忍耐、甘于忍耐的品性。但正如人类学和生物学研究成果所表明的，这是社会化的产物，而不是女性的生物学本能。男性与女性即使经过数千年的社会生活的驯化，其精神差异更多的还是源于生理差异，性格养成主要源于社会环境。“留守”使留守妇女孤立化、弱势化，高强度的体力劳动和封闭化的心理环境容易引发留守妇女的受害心理，使其情绪暴躁、易怒，好钻牛角尖。所以，对于外界的刺激特别是侵害容易以最极端的方式予以回应，一般会造成严重伤害案件或者人命案件。因此，留守妇女犯罪的大量触发因素往往只是邻里纠纷、家长里短，但结局却往往比较血腥。[①]

二是从留守妇女犯罪的主体化角度出发，留守妇女犯罪的主要类型有：(1)杀人、纵火、投毒等造成严重伤害案件。“留守妇女与丈夫分居两地，沟通交流少，家庭矛盾多，负面情绪常常得不到有效发泄与缓解，极易走极端，从而引发故意杀人、故意伤害、投毒等恶性刑事犯罪。”[②]其中，有一类犯罪值得关注，就是留守妇女杀夫案件。留守妇女杀夫案件，一些是夫妻长期分离导致感

---

① 女性犯罪的重刑化特点，可以从上海市女子监狱的一组数据看出：涉毒占26.8%，暴力犯罪占16.2%，原判刑期分布为5年以下有期徒刑(含5年)占31.8%，5年至10年有期徒刑(含10年)占23.7%，10年有期徒刑以上占32.1%，无期徒刑、死刑缓期2年执行占12.4%。这说明女犯中判处10年以上有期徒刑的重刑犯比例已超过了5年以下的短刑犯(参见柴晓东、陈建成：《上海女性罪犯结构及心理分析》，http://shwomen.eastday.com/renda/08women/nxzx/fnyj/u1a1541208.html，访问时间：2016年10月8日)。这一数据也可以从笔者对于S省女子监狱女犯的犯罪构成结构的调查上得到印证，严重暴力犯罪的比例较上海的数据还高，超过两成。其中，家庭成员(特别是对配偶、子女等近亲属)和生活交集大的人群的暴力犯罪又占72%。这和S省中西部是留守女性聚集地有很大关系。

② 徐德高、华艳：《涉留守妇女犯罪四类最突出》，2014年5月14日《检察日报》。

情淡漠、相互猜忌,甚至家庭暴力,从而造成感觉冤屈的留守妇女杀夫泄愤;还有就是由于留守妇女婚外出轨后为掩盖奸情单独或与情夫合力杀夫(这类案件中有些还含有犯罪学上的斯德哥尔摩综合征,即留守妇女最初是被强奸的,在被多次强奸后与强奸犯产生情感、依赖心,最后发展到协助强奸者杀害归家丈夫)。(2)涉赌和涉毒案件。留守妇女一般在家从事农业生产活动,而农业生产活动具有一定的季节性。农忙时节非常劳累,农闲时节又非常空闲。这种生活方式离开了正常家庭生活的滋养非常容易走向变态。留守妇女生活比较单一,为消磨时间,缓解压力,寻求刺激,容易接触和传播一些不良的社会"娱乐"方式,如打牌、打麻将、跑狗①等,逐渐发展到参赌、设赌,吸毒、贩毒②。留守妇女涉赌、涉毒案件根源于留守乡村不正常的生活方式与生活状态,虽然与留守妇女的个人情趣和素质有关,但社会结构对于社会行为的决定意义还是更加值得反思的。

涉及留守妇女的犯罪案件,留守妇女大多数情况下还是作为客体出现的,更容易成为犯罪侵害的对象。留守妇女受侵害涉及的罪名相对集中,根据笔者对于一些地方的调研数据以及一些人口输出地区公开的各类统计数据看,性侵犯罪(如强奸、猥亵犯罪)居多,大约占45%;涉财犯罪(如抢劫、抢夺、盗窃、破坏财物)次之,占近40%;拐卖妇女类案件占5%左右。

综合来看,留守妇女的问题在"三留守"人员当中是最复杂、最综合和最严重,也更能反映我国当前"三留守"状态下乡村秩序的全面影像,因为毕竟留守妇女事实上已经取得了"三留守"乡村舞台的主角地位(当然,丈夫归来是另一码事)。我们必须认识到,在乡村社会秩序没有整体调整的情况下,解决好留守妇女问题也就抓住了稳定"三留守"乡村秩序的根本,留守少年儿童和留守老人问题才会次第解决。

2.留守少年儿童问题的法律社会学分析

中华人民共和国建立后,传统的乡绅村老、宗族组织都被作为封建遗留给破除掉了,在相当长的一段时间内是由国家来直接组织乡村生活乃至家庭生活。改革开放以后,国家权力有所收缩,乡镇党委政府作为基层政权行使征税(三提五统及农业税次第取消)和社会经济文化组织职能(由于经费人员限制,

---

① 鲁西南一些地方赛狗赌博的留守妇女围观、参与率一直居高不下。

② 留守地区妇女具有生活空虚、毒品知识欠缺的吸毒环境基因,同时具有毒品输入的交流渠道。根据笔者的一项取样调查,其样本吸毒率高出传统封闭农村样本吸毒率26个百分点。

实际职能弱化，乡镇撤并后对于乡村的关注更加不足）。在乡村秩序中直接出场的实际主要有两类措置主体：一是村委会作为群众自治组织在乡村生活中被赋予了一部分自治权利，是乡村秩序的最直接的维护权威；二是派出所、司法所和派出法庭。但派出所、司法所和派出法庭各自人员有限，大体就是三五人的配置，面对的却是一个乡镇动辄数万人，其在很多情况下都是有心无力、鞭长莫及。而村委会随着打工潮的兴起，要么成员长期离岗，要么就是“老龄委”和“妇联”的联席会议，自治功能被大大弱化了。这样一种乡村社会秩序维护权威的不给力，加之“三留守”家庭之间自我协调功能的减弱，造成了乡村秩序的失范。这种失范的影响首先会体现在对于秩序需求依存度较高的社会群体上，留守少年儿童就首当其冲。

留守少年儿童问题在“三留守”问题中引起更多的关注，除了上面提到的原因外，还有一个因素使留守少年儿童问题获得了更多的曝光率。那就是，留守少年儿童的风险敞口更大，发生风险的几率更高，后果更严重。在乡村社会整体失范的背景下，农村留守少年儿童容易成为不法分子攻击、欺负和侵害的对象，需求安全保护也会使他们很容易被拉拢进一些团体（包括不良、不法团伙）。魏少峰发现，农村青少年犯罪具有“比率占刑事犯罪总人数比例居高不下、犯罪主体呈现低龄化及犯罪农村青少年多为不在学、无工作”①等特点。由于近5年没有关于农村青少年犯罪较为确切的统计数据，以2010年的统计数据为例，留守少年儿童遭受人身伤害的比率达到19.21%，而非留守少年儿童仅为6.19%；经常受到他人欺负的留守少年儿童比例为10.96%，非留守少年儿童为4.26%，前者高出后者6.70%；留守少年儿童受到各种侵害的比率为46.39%，而非留守少年儿童仅为29.86%，前者高出后者16.53%。② 据公安部门有关调查显示，在被拐卖的少年儿童当中，流动少年儿童占第一位，留守少年儿童占第二位。有些地方出现的女童被强奸的恶性案件中，也是留守女童居多。③ 各类侵害留守少年儿童的案件种类，主要是寻衅滋事、殴打、杀害等人身伤害案件，勒索型、抢劫抢夺型侵财案件，猥亵、强奸等性侵案件，拐卖及其他非法限制人身自由案件。同时，留守少年儿童犯罪的一个鲜明特点就是

① 魏少峰：《农村青少年犯罪的几个问题的研究》，《西北工业大学学报（社会科学版）》2016年第3期。

② 张克云、叶敬忠：《社会支持理论视角下的留守儿童干预措施评价》，《青年探索》2010年第2期。

③ 张雪梅：《对农村留守儿童法律保护的探讨》，http://www.chinachild.org/b/rd/629.html，访问时间：2016年10月10日。

结伙作案,合伙作案的都是平时的玩伴。就留守少年儿童犯罪现象而言,发案数量上呈上升趋势,犯罪种类呈扩散化趋势,犯罪后果上有严重化趋势,“留守少年儿童”违法犯罪问题已经成为中国未成年人违法犯罪中一个不容忽视的现象。① 在打架斗殴、偷窃、抢夺、抢劫、赌博等5项犯罪指标中,留守少年儿童的总体犯罪率为12.54%,非留守少年儿童仅为1.55%,且留守少年儿童的每项犯罪率均高于非留守少年儿童,并呈现上升趋势。② 其实,留守少年儿童犯罪只是留守少年儿童失范的一个突出表现,更多的可能只是行为标新立异、乖张不驯,或者违法行为,这丰富了留守少年儿童失范的内容,但也加重了对于留守少年儿童失范的忧虑,留守少年儿童失范也许比可观察到的更加多元。

3.留守老人问题的法律社会学分析

留守老人是农村人口出走的被动接受者,既不能参与这种人口流动,也没有能力来应对这种人口流动。中国特别是农村地区养儿防老的传统根深蒂固,而现在这种形式下的农村出走人口恰恰就是男性青壮年。男性青壮年人口的进城打工给依靠其扶助生活的老人造成了巨大的生活不便,与儿媳的关系就很大程度上决定了留守老人的生活质量和生活状态。民政部的统计显示,截至2015年底,我国60岁及以上老年人口22200万人,占总人口16.1%。其中65岁及以上人口14386万人,占总人口10.5%。③ 2016年国家卫计委关于农村空巢老人的统计显示,空巢老人占老年人总数的一半。其中,独居老人占老年人总数的近10%,仅与配偶居住的老人占41.9%,农村老人比城镇老人面临更多困难。④⑤ 留守老人由于子辈的进城,本就不多的与社会连接的渠道就堵塞了,留守老人就成了社会结构中一个孤立的点,由此说明留守老人问题在农村秩序重塑中的重要性。

这种孤立的状态使留守老人的生活资源供给出现短缺,衍生出了不少问

---

① 吕庆春:《农民工子女的教育缺失与社会风险及其应对》,《现代教育管理》2009年第5期。

② 张克云、叶敬忠:《社会支持理论视角下的留守儿童干预措施评价》,《青年探索》2010年第2期。

③ 《2015年社会服务发展统计公报》,http://www.mca.gov.cn/article/zwgk/mzyw/201607/20160700001136.html,访问时间:2016年11月8日。

④ 《中国家庭发展报告(2015年)》,http://baike.baidu.com/link?url=DVz1Vgx2f4hdlMkU9iLc2zT_a3Sg8cm7_cYLjA1sFS_tgD4BKtTWtmyoYhQ3i0W_6KBy81EMIBN84GSAqlWizKYfV1plPaA8q6x7ALZNwAXgC07f9GWEHJb3LvZOhZNS-8Yaz9t3gSff_6FlpEn2M3El031T_bAmzUor2Zb-d4K,访问时间:2016年11月8日。

⑤ 《农村空巢老人生活现状》,http://www.jing55.com/toutiao/20140806/2838.html,访问时间:2016年10月9日。

题。留守老人问题要么是由于这种短缺引起,要么是为了弥补这种短缺。留守老人的犯罪和被害也是根源于资源短缺,需求不能得到满足。重庆市巴南区检察院办案检察官的统计显示,现在办理的老年人犯罪所涉罪名越来越多。2006 年,老年人犯罪仅涉及失火、非法持枪、盗窃、容留卖淫、故意伤害等 7 种罪名;到 2010 年,又增加了合同诈骗、故意杀人、故意毁坏财物、聚众扰乱社会秩序、非法行医、非法种植毒品、窝藏、重大责任事故、出售非法制造发票等9 种罪名。[①] 这些罪名中有些属于留守老人犯罪比较集中的罪名,有些则不具有代表性,但可以显见留守老人犯罪的增长势头。其中,失火多属于留守老人由于无子女帮助,不得不从事农业生产而导致过失引发火灾;容留卖淫和猥亵、强奸幼女、智障女则是由于早年丧偶,精神空虚而生理需求无法得到满足所致;非法经济活动多是为了获取生活经济资源。而留守老人的被害则由自身防护能力弱,外围防护不足所致。随着大量农村青壮年选择外出务工,使很多农村留守老人在面临犯罪尤其是智力犯罪、暴力犯罪时,变得毫无招架之力。[②] 对于最近电信诈骗的"两高"(高发、高龄)现象,犯罪分子要么冒充农村留守老人并不熟悉的国家工作人员(特别是公安司法人员)对老人进行恐吓,要么冒充子女的朋友以子女医疗为由要求老人打款,要么冒充富婆以巨款和美色(丈夫不孕,借精生子)引诱留守老人付保证金。[③] 面对这些智力犯罪,留守老人由于不了解这些在外界已经过时和拙劣的诈骗手法,也没有子女可以及时提供帮助,很容易受骗。所以,留守老人无论是犯罪还是被害,都是源于无力自助,也无外力相助。

三、"三留守"乡村的社会秩序再造路径

"三留守"是中国在外向型现代化背景下的一种暂时性社会主体生活形式,造成"离土中国""流动中国"的特殊社会形态,这与现代化的初衷是不相符的,"三留守"所造成的局面在人性伦理和制度理性上都是站不住脚的,是需要变革的。我们需要再造一个"等置"现代文明的理性与传统乡村的感情的乡村

---

① 余飞:《老年人犯罪人数种类翻番,寂寞成留守老人犯罪诱因》,http://www.chinanews.com/fz/2013/09-08/5258453.html,访问时间:2016 年 11 月 8 日。

② 李向华、孙军涛、白朝鹏、呼亮:《6 种作案手段留守老人需警惕》,2012 年 6 月 15 日《河南法制报》。

③ 根据笔者在 S 省 B 市的调查可知,独居和退休老人被骗案件占该类案件总数的 68.27%,被骗金额占总涉案金额的 73.41%,很多人被骗得倾家荡产,甚至涉及子女的财产。

新秩序。

一方面,切实推进城乡一体化发展战略和新型城镇化建设,消除“三留守”家庭的分离状态,提供城乡居留的双向选择可能,提供三留守乡村秩序再造的物质前提。城乡二元体制体现了我国集中力量办大事的思维和城市带动农村的发展思路的意识设计,但这一设计本身就是权宜性和阶段性的。社会是一个综合的系统,社会治理必然要求综合施策。[①] 但由于制度的惯性,城乡二元体制比制度设计之初走得更远,城乡差别、城乡差距有愈发拉大的趋势。改革城乡二元体制已经时不我待,否则则有积重难返、尾大不掉之忧。就“三留守”直接涉及的城乡二元户籍制度而言,国家已经在2014年7月底发布了《国务院关于进一步推进户籍制度改革的意见》,提出城市户口和农村户口统一登记为居民户口,2020年实现1亿左右农业转移人口及其他常住人口在城镇落户。实际上,为使农民工家庭全家入城,农民工融入企业、子女融入学校、家庭融入社区,农民工市民化,我国前期已经做了不少的政策铺垫,如暂住证改为居住证等农民工城市生活的便利化、医疗保险和养老保险等基本公共服务均等化一直在不断推进,教育、就业、医疗、养老、住房保障等基本公共服务覆盖面不断扩大。在社会层面,单位制逐渐淡化,农村居民在城市创业、就业的可能性和成功率大大提高,城乡居民的差别在日常生活中日益模糊和不受关注,农村居民有机会向社会上层流动(当前的这种向上流动大多还局限于经济领域,但还在不断拓展)。同时,新农村建设和新型城镇化也稳步推进,走新型城镇化与新农村建设的复合型之路。目前,国家多策并举,做了多方面部署:一是加大对农村的投入,进行了农村基础设施建设、农村环境卫生整洁、农村住房改造等多项工程,极大改变了农村的物理面貌。二是盘活农村资源,进行了农村集体耕地、林地确权,准许农村资源合理流通,逐步落实城乡资源等值化。三是推进农业产业化,引进外部资金、智力共同建设新农村,引导进城农民回乡创业、就业。四是利用现有的中小城市和小城镇,实现农民就近城镇化。党的十八大提出“以人为本”的新型城镇化战略,实现1亿农民“就近城镇化”被提到了国家决策的高度。这一决策的提出,兼顾到了经济发展与人的发展,最大程度抑制了离土离乡对于家庭、社会秩序的破坏,是解决留守问题的治本之策。上述城乡两方面的改革有助于消除“三留守”家庭的分离状态,提供城乡

① 朱兵强:《卢曼的法理学检视——一个系统论的视角》,《山东科技大学学报(社会科学版)》2015年第5期。

居留的双向选择可能。

另一方面,采取切实措施,整合破碎化的乡村秩序。一个稳定的社会结构一般呈现为国家—中间层(社会精英或者社会团体)—民众这一金字塔形社会结构。只是由于社会发展阶段、民俗习性、国家形式的差异,导致三者的地位、强弱、相互关系有差异,组合形式和运作形态有差异。一般呈现为权力(权利)向中间集中,向两端趋于平衡的方向发展。而我国乡村社会秩序的破败,深层次因素主要有原子化与集体行动的困境;村民自治与民主政治诉求的消解或转移;精英的城市迁移与挫折感的减弱等因素。① 概括来说,我国目前的乡村秩序是国家对农村秩序建构的参与度不高、中间层的流失与无力、民众的散沙化造成的。因此,我们需要采取以下有针对性的措施:

第一,加强国家对于乡村秩序建设与维护的参与度,国家不能缺位。当下中国很多地区的农村之所以出现凋零,除了户籍安置安排及市场的抽离作用外,另一个重要的因素就是国家政权悬浮于农村之上。随着农业税的取消,国家没有积极性、基层政权没有能力往农村地区渗透,导致的结果就是乡村建设、乡村秩序失序。② 从这个角度看,当前农村"三留守"人员存在的诸问题,只不过是整个农村秩序失范的典型表现。强化国家对乡村秩序建设与维护的参与度,可从两个角度着手:一是强化负有维护乡村社会秩序的基层机关的执法地位和责任,将国家的法律规范切实在农村落实下去。加强基层公安、司法、司法行政机关人员配置及执法装备建设,对辖区内破坏社会安全的人形成震慑力,逐渐将法律规范内化为农村居民的惯习。二是加强对法律制度在农村地区落实效果的评估。"法治评估不仅作为一种依照现有法治标准对法治现状进行评价的机制,更是一种社会意见的容纳器。"③当前,我国正在全面推进法治建设,各个层面、区域也都开展了不同层次、方式的法治评估工作,但仔细对法治评估研究与实践进行分析会发现,既有的法治评估都指向城市,有必要打破这样的思维假设,形成法治建设整体观,发挥法治评估对法治建设具有反

① 吴思红:《乡村秩序的基本逻辑》,《中国农村观察》2005 年第 4 期。

② 周飞舟的研究就表明,农业税费的取消虽然增强了农民对国家的政治认同,但同时削弱了基层组织的治理权力与治理能力,乡村治理遭遇新一轮危机。由于税费取消所带来的乡村财政困境造成农村公共品供给严重短缺,基层组织演变为松散的"悬浮型"政权(参见周飞舟:《从汲取型政权到"悬浮型"政权——税费改革对国家与农民关系之影响》,《社会学研究》2006 年第 3 期)。

③ 张建:《法治评估的地方实践:动因、问题及反思》,《云南师范大学学报(哲学社会科学版)》2016 年第 1 期。

馈功能的作用,提升农村地区法治建设效果,通过法治评估作为意见容纳器机制将农村地区法治建设过程中发现的问题涵摄进国家法治,形成法律与社会的良性互动。

第二,加强基层政权在乡村秩序塑造过程中的引导作用。在农业税时代,基层政权与农村发生关联的纽带是农业税的征收,而在后农业税时代,国家政权开始悬浮于农村之上,紧要的是,基层政权被挟裹进国家经济GDP的浪潮中,农村被有意无意地忽略了,有必要改变这一认识,重塑基层政权与农村的关系。"推进农村基层协商民主建设,既是农村民主政治建设不可或缺的重要环节,也是建设中国特色社会主义政治文明的重要内容。"[①]具体而言,可以通过加强村级组织建设和农村精英的培养,做大农村社会的中间层的方式来搭建基层政权与农村的关系,促进农村秩序生成。[②] 只有培植一个强有力又富有公共理性的精英阶层,才能构架精英与普通村民、体制内精英与体制外精英、国家与精英之间的平衡互动关系,并形成有一定界域的社会结构。只有具备这样的社会结构基础,才能建构具有真正自治能力的组织和制度体系。[③] 农村精英层的培养是农村组织化的基础,也是村级体制内组织(村两委)的必要人才储备。能够吸纳和集合农村精英的村级组织才能够锻造整合乡村秩序的优良能力。

第三,增强乡村社会秩序建设对于个人和家庭的聚合力。个人和家庭对于乡村社会秩序的参与欲望和参与程度取决于乡村秩序与其生活的关联度。解决离土问题,使乡村成为个人和家庭赖以生活的场域只是解决了基本的归属问题,还要让他们有权利参与乡村秩序建设和维护,能够从乡村秩序建设与维护中感受到利益。归纳一下就是,乡村秩序再造有赖于国家供给制度规范,乡村组织承载村民自治[④],利益机制引导村民参与秩序的重塑。

(原载于《山东大学学报(哲学社会科学版)》2017年第2期)

---

① 朱哲等:《农村基层协商民主制度建设面临问题及对策》,《理论探讨》2016年第6期。

② 杜赞奇对清末民初华北农村秩序形成研究时创造了文化网络概念,认为"它不只是角逐权力的场所,也不只是接近各种资本的工具,它还是正统和权威产生、表现及再生的发源地"。"20世纪之前国家完全依靠文化网络,其后却彻底抛开文化网络进行统治。不过,进入20世纪之后,国家政权逐渐放弃并破坏文化网络中的组成部分,但并没有建立新的渠道,造成严重后果"。做大农村地区的中间层,就具有重构乡村文化网络的意图(参见杜赞奇:《文化、权力与国家——1900～1942年的华北农村》,王福明译,江苏人民出版社2006年版,第25页)。

③ 吴思红:《乡村秩序的基本逻辑》,《中国农村观察》2005年第4期。

④ 熊烨、凌宁:《乡村治理秩序的困境与重构》,《重庆社会科学》2014年第6期。

最低工资标准的科学测算与制度完善

王　蓓

一、问题的提出

最低工资是指劳动力价格的下限，最低工资制度则是政府干预收入分配、调控工资水平的重要工具。实施最低工资制度的目的，是保障低收入劳动者的基本收入，维持一定的社会购买力和经济活动，并促进劳动关系的和谐和社会正义的实现。党的十八大明确提出构建和谐劳动关系。2015年3月21日《中共中央国务院关于构建和谐劳动关系的意见》提出："完善并落实最低工资制度，在经济发展基础上合理调整最低工资标准。"精准扶贫与全面小康建设进入攻坚阶段，适时调整最低工资标准，有利于进一步优化收入分配格局、理顺分配关系、缩小贫富差距。但同时，经济进入新常态，人工成本上升，企业压力加大，物价低位运行，调整最低工资标准也面临阻力。此外，因缺乏法律规范和常态监管，最低工资标准存在落实不力情况。调查显示，42%的企业未执行最低工资标准，且很少因不执行最低工资标准被处罚。[①] 如何建立"相对平衡"的最低工资制度，科学设定最低工资标准，发挥其"兜底"功能，保障劳动者基本利益，与此同时，平衡劳资双方的利益分配，实现工资增长与生产就业的协调，是值得探索的重要命题。

国外对最低工资标准的研究起步较早，相关理论及文献成果主要包括：(1)最低工资决定理论。(2)最低工资标准对就业的影响。(3)最低工资标准

① 汪昌莲：《最低工资标准该降还是该升》，2016年12月15日《北京晨报》。

的实证研究。主要针对最低工资标准和失业率之间的影响关系进行实证分析[①],也有实证研究关注最低工资标准对某类人群就业和失业状况的影响[②]。

我国1993年颁布《企业最低工资规定》,1995年实施的《劳动法》明确了最低工资标准的法律地位,2004年实施《最低工资规定》并沿用至今。国内对于最低工资标准的研究起步较晚,主要涉及以下领域:一是设立最低工资标准的必要性探讨[③];二是最低工资标准的定性分析[④];三是最低工资标准的定量分析[⑤]。法学学者多以对最低工资标准的定性分析为主,所得结论欠缺实证依据;经济学学者致力于运用经济学模型对最低工资标准进行定量分析,但往往缺乏统一的分析范式,且理论前提分析较为薄弱。近年来,关于最低工资标准一般理论研究的文献逐渐丰富,但在各行业与区域层面的分析,尤其是经验实证研究还有待加强。本文基于对最低工资标准的简要理论分析,以S省C市为实证样本,运用比重法、恩格尔系数法和ELSE模型法进行实证考察,提出完善最低工资标准的对策建议。

二、理论基础

关于最低工资标准与最低工资制度的研究,有较长的学术史,主要理论流

---

① 早期做法是对最低工资标准和失业率这两个变量进行回归分析。后来卡德(Card)和克阿格尔(Krugger)两位学者提出自然实验法,通过在宾夕法尼亚和新泽西两个相邻的州分别推行不同的最低工资标准,来比较二者就业情况的变化(Card D, Krueger A B, "Minimum Wages and Employment: A Case Study of the Fast-food Industry in New Jersey and Pennsylvania", *American Economic Review*, 1994, 84, pp. 772-793)。

② Brown, C., C. Gilroy & A. Kohen, "Time Series Evidence on the Effects of the Minimum Wage on Youth Employment and Unemployment", *Journal of Human Resource*, 1983 (18), pp. 3-31.

③ 以张五常(2000)和薛兆丰(2004)为代表的学者反对实施最低工资标准。而以苏海南、刘军胜(2006)和马光远(2009)为代表的学者则主张对最低工资标准予以保障和提高。

④ 石玉军、盛玉华(2013),张衔、徐延辰(2014)对最低工资标准的理论进行了梳理;林原、曹媞(2012),张胜辉(2012)介绍了西方国家最低工资标准的设定机制及对我国的借鉴意义;刘金祥(2007)探讨了提高最低工资标准科学性应结合的因素;董保华(2010)指出,最低工资标准属于"窄口径",社会平均工资属于"宽口径",只有将二者调整成同口径才能进行比较;叶姗(2013)运用社会法的理论,对最低工资标准的制定依据、法律性质和实施机制进行了解析;邹世允(2014)针对如何完善我国最低工资立法进行了研究。

⑤ 在最低工资标准和就业的关系方面,罗小兰(2007)、石娟(2009)、丁守海(2010)、傅端香(2013)等进行了深入研究。王弟海(2011)以及牟粼琳等(2013)则从经济增长、收入分配、社会效应的角度探讨最低工资标准的设定。杨巧梅、韩兆洲(2006)、杨胜利等(2010)、王妹、景洁(2010)、付坤、张艳(2011)分别针对广东省等地的最低工资标准进行了实证研究。在测算方面,以韩兆洲、魏章进、李艳为代表的学者,分别采用国际收入比例法、灰色关联分析法、扩展线性支出系统模型法对最低工资标准进行了测算。此外,其他学者还采用了因子分析法、德尔菲法、LES模型法、改进的马丁法、比例法等方法,对最低工资标准进行测算。

派如下：

(一)关于工资与最低工资的经典理论

1.古典经济学家对工资及其最低限度的理解

以威廉·配第(William Petty)、亚当·斯密(Adam Smith)、大卫·李嘉图(David Ricardo)、萨伊(Say)为代表的古典经济学家，基于劳动价值论，将工资理解为维持工人生活和延续后代所必需生活资料的价值，作为非财产所有者的工人(或雇佣劳动者)的报酬。古典经济学家将工资视为维持劳动者生活所必要的消费资料，提出“维持工人基本生活”这一工资最低标准法则。

2.马克思对工资的科学阐释

马克思对劳动力价值及工资理论进行了科学阐释，认为工资作为劳动力价值的转化形式，它的量由生产劳动力的价值规律决定。“生产劳动力所必要的劳动时间，可以归结为生产这些生活资料所必要的劳动时间，或者说，劳动力的价值，就是维持劳动力占有者所必要的生活资料的价值。”[①]马克思提出了“最低工资”这一概念，指出：“什么是最低工资呢？要维持工人的生计，使他能勉强养活自己，并使自己的阶级能保持必要的人数而得以延续，就需要一些物品，最低工资恰好就是为生产这些物品所必需的支出。”[②]“简单劳动的生产费用就是维持工人生存和延续工人后代的费用。这种维持生存和延续后代的费用的价格就是工资。这样决定的工资叫做最低工资。”[③]马克思1865年6月发表的《工资、价格和利润》和1867年出版的《资本论》第1卷，将最低工资视为生存和延续后代的基本费用，对最低工资问题进行了全面科学论述。[④]

3.效率工资理论及最低工资标准问题的延伸

20世纪70年代末，新凯恩斯主义经济学者提出了“效率工资”(Efficiency-wage)这一概念，反映现代企业运用高工资手段激励专业人才的工资设计。效

---

① 《马克思恩格斯选集》第2卷，人民出版社2012年版，第165页。

② 《马克思恩格斯选集》第1卷，人民出版社2012年版，第372页。

③ 《马克思恩格斯文集》第1卷，人民出版社2009年版，第723页。

④ 这一阶段，马克思使用的是“工资的最低限度”而非“最低工资”或“最低限度的工资”。“最低工资”和“最低限度的工资”是指按照雇佣劳动规则或工资规律，工人应得且只能得到的那个工资。“工资的最低限度”仅为工人应得工资的一部分。这说明工人事实上并不能得到由身体标准和社会标准共同决定的那个工资，即“最低限度的工资”，工人的实际所得接近“工资的最低限度”，即资本主义的经常倾向是将工资压低到劳动力价值以下。

率工资是企业为了提高工人生产率而支付的高于均衡工资的工资。[①] 20世纪80年代,效率工资理论得到进一步发展。乔治阿克洛夫(George A. Akerlof)提出,为了提高工作效率,厂商们愿意使工资水平维持在高于市场出清的水平上,这一高水平的工资就是效率工资。效率工资理论丰富了人力资本理论,也为失业问题研究提供了新的视角,并因此可能加大的结构性失业,启发人们重新思考失业保障与最低工资标准问题。

(二)最低工资标准实证分析的理论前提:马克思的观点

依据《最低工资规定》,最低工资标准是指"劳动者在法定工作时间或依法签订的劳动合同约定的工作时间内提供了正常劳动的前提下,用人单位依法应支付的最低劳动报酬"[②]。最低工资标准的确立,根本宗旨就是保证劳动者的劳动力的正常再生产。古典经济学者阐释的最低工资限度观点,考虑了劳动者维系生活的最低消费需要,但是由于并未提出劳动力商品及其再生产的概念,所以不能科学地阐释工资的经济学内涵及最低工资标准的决定因素。现代西方学者提出的效率工资实际上是一种最优工资理论,其与最低工资标准之间的内在联系还有待系统地进行实证探究。马克思提出了劳动力商品理论,对劳动力价值及其工资表现进行了科学阐释,指出要从劳动力再生产所必需的生活资料以及社会需求因素理解工资及影响因素,为考察最低工资标准提供了科学的理论前提。因此,马克思的工资理论成为本文探讨最低工资标准的理论基点。

三、关于我国最低工资标准的样本实证

调整最低工资标准是我国职工收入分配改革的一项重要内容。国家和省市已建立最低工资标准定期调整机制。[③] 本文以S省C市为研究样本。S省是中国西部的经济大省和文化中心,2014年末常住人口为8140.2万人,下辖1个副省级市、17个地级市、3个自治州、15个县级市。C市为S省省会,副省

① [美]曼昆:《经济学原理》(下),梁小民译,三联书店、北京大学出版社2001年版,第33页。

② 《最低工资规定》第3条。

③ 《最低工资规定》第10条:"最低工资标准发布实施后,如本规定第六条所规定的相关因素发生变化,应当适时调整。最低工资标准每两年至少调整一次。"

级城市,2014 年末常住人口为 1442.8 万人,1993 年被国务院确定为西南地区的科技中心、商贸中心、金融中心和交通、通信枢纽。[①]

C 市作为省会城市没有最低工资标准的制定权,只有在 S 省政府发布的最低工资标准档次范围内的选择执行权。C 市一直选择执行的是 S 省最低工资标准的前三个或前两个高档次。根据《最低工资规定》第 5 条,最低工资标准一般采取月最低工资标准和小时最低工资标准两种形式,分别适用于全日制劳动者和非全日制劳动者。本文的研究中采用的均为月最低工资标准,且选取的数据是最高档次,即主城区(市)县那一档。

(一)最低工资标准的考量因素与测算方法

参照国际劳工组织公约和建议书[②],我国《劳动法》提出了确定和调整最低工资标准的综合参考因素。《劳动法》第 49 条规定:“确定和调整最低工资标准应当综合参考下列因素:(一)劳动者本人及平均赡养人口的最低生活费用;(二)社会平均工资水平;(三)劳动生产率;(四)就业状况;(五)地区之间经济发展水平的差异。”根据《最低工资规定》附件,确定最低工资标准一般考虑城镇居民生活费用支出、职工个人缴纳社会保险费、住房公积金、职工平均工资、失业率、经济发展水平等因素。[③]

在最低工资标准的测算上,我国《最低工资规定》在附件部分将比重法和恩格尔系数法规定为确定最低工资标准的通用方法[④],并指出,各地可参照以上测算办法,根据当地实际情况合理确定月、小时最低工资标准。

---

① S 省和 C 市的基本信息来源于所辖统计部门网站。

② 根据国际劳工组织第 131 号公约和第 135 号建议书,最低工资应根据以下因素确定并进行调整:(1)工人及其家庭的生活需要;(2)生活费用;(3)社会工资总水平;(4)其他社会阶层的生活水平;(5)社会安全利益的需要;(6)经济发展水平;(7)雇主支付能力。世界各国确定或调整本国最低工资标准的参考依据和测算方法虽然各不相同,但一般都要参考城镇居民生活费用支出、平均工资、劳动生产率、经济发展水平等因素。

③ 公式为:$M=f(C,S,A,U,E,a)$。其中,M 是最低工资标准;C 是城镇居民人均生活费用;S 是职工个人缴纳社会保险费、住房公积金;A 是职工平均工资;U 是失业率;E 是经济发展水平;a 是调整因素。

④ 比重法,即根据城镇居民家计调查资料,统计出贫困户的人均生活费用支出水平,乘以每一就业者的赡养系数,再加上一个调整数。恩格尔系数法即结合标准食物的市场价格,计算出最低食物支出标准,除以恩格尔系数,得出最低生活费用标准,再乘以每一就业者的赡养系数,再加上一个调整数。计算出月最低工资标准后,考虑职工个人缴纳社会保险费、住房公积金、职工平均工资水平、社会救济金和失业保险金标准等进行必要的修正。

(二)本文关于测算方法的选择及理由

本文将马克思的最低工资理论作为最低工资标准实证考察的理论依据。但是,由于目前确定最低工资标准的通用方法(比重法、恩格尔系数法)不能较好满足劳动力价值测算的相应需求,因此需要在马克思劳动价值论的理论框架下,探索确定最低工资标准的科学测算方法。扩展的线性支出系统(Expand Linear Expenditure System,简称 ELES)因其潜在的应用价值日渐引起学者的重视。下文将综合运用比重法、恩格尔系数法和 ELES 模型法三种方法来对 S 省 C 市最低工资标准进行测算和实证分析及检验。

(三)理论模型及其优劣分析

首先,将对比重法、恩格尔系数法和 ELES 模型法进行比较分析,阐述各模型的合理性、优缺点及其内在联系。

1. 比重法

(1)比重法模型。比重法的计算公式如下:

最低工资标准=最低收入户人均消费性支出赡养系数
+调整因素

比重法以最低人均收入户的人均消费性支出为起点,结合劳动人口所应对的人均的赡养规模,经适当调整后确定下一年度最低工资标准。其中,最低人均收入户是基于城镇居民家计调查资料,按照一定比例的人均收入来确定的。《最低工资规定》指出,调整因素主要考虑当地个人缴纳养老、失业、医疗保险费和住房公积金等费用。C 市人社部门运用比重法测算时没有计算相应的调整因素,为了和实践保持一致以及更好地验证测算值与执行值之间的差距,本文在使用比重法时也暂不考虑调整因素(即调整因素=0)。

(2)该模型优缺点分析。比重法因意义明确、操作简单等优势,被我国各地广泛采用。最低收入户消费性支出的规模和结构在很大程度上受限于最低人均收入,然而每一年度的工资标准又是基于上一年度的消费性支出来测算的。因此,比重法中最低工资标准总是受限于上一年度或者说最初的最低收入。加之调整因素占工资标准的比例相对较小,最低工资标准没能全面反映出个人实际需求。比重法将最低收入户的人均消费支出作为制定最低工资标准的出发点,合理性有待探讨。

2. 恩格尔系数法

(1)恩格尔系数法模型。恩格尔系数法模型公式如下：

月最低工资标准=最低收入户人均月食品费用÷恩格尔系数赡养系数+调整因素

按照恩格尔系数法，最低工资标准应满足人类的基本需求：它以最低食物支出标准为基础，根据食品支出与总支出间的关系来估计整体的需求支出，经适当调整后得出下一年度最低工资标准。最低食物支出标准是根据国家营养学会提供的年度标准食物谱及标准食物摄取量，结合标准食物的市场价格计算得出。食品支出和总支出的关系是指食品消费性支出占总体消费性支出的比例，即恩格尔系数。为了合理验证测算值与执行值之间的差距，本文在使用恩格尔系数法时与C市人社部门的做法保持一致，暂不考虑调整因素(即调整因素=0)。

(2)该模型优缺点分析。恩格尔系数法具有意义明确、计算简便的优点。相较于比重法，恩格尔系数法关注人类的基本需求。由于实践中大多采用最低收入标准的食品消费性支出代替最低食品支出标准进行测算，恩格尔系数法存在和比重法相同的问题。当前我国居民食品消费性支出占总体消费性支出的比重下滑，交通、通信、医疗、住房等支出比重不断上升，恩格尔系数法的适用性值得商榷。按标准食物谱计算的最低食物支出标准也不一定符合实际最低食物消费开支。

3. ELES模型法

(1)ELES模型法。基于ELES基础模型[①]，ELES法中最低工资标准的测算公式如下：

最低工资标准=人均基本支出总额实际赡养系数+调整因素

关于上述测算公式，以下几个要点需要特别说明：

一方面，工薪收入虽然作为家庭收入主要来源，但家庭真正能用于赡养老人、子女的部分却仅是可支配收入。因此，实际赡养系数是指赡养系数和工薪收入与可支配收入的比例系数的乘积。本文采用实际赡养系数，能够更真实地反映最低工资的实质。另一方面，调整因素主要包括职工个人缴纳的“三险一金”等。在实践中，考虑到最低工资标准的特殊性，调整因素大多专指职工

① ELES基础模型及其推导，感兴趣的可与作者联系。

个人缴纳的最低社会保险费。因此,本文在测算过程中将沿袭这一做法,调整因素的其他项目将在横向调整指数中反映。

(2)该模型优缺点分析。ELES 模型法作为一种相对科学的测算工具,优势主要体现在:第一,比重法和恩格尔系数法更多地体现的是一种机械的平滑,不是个人对于各类商品具体的实际需求。ELES 模型法以剖析各收入水平层次人群的消费结构为出发点,全面估计居民个人对于各类商品的基本需求,所制定的最低工资标准更多体现了个人全面的基本需求。第二,ELES 模型法直接运用截面资料进行参数估计,实际可操作性强。还可以结合边际消费倾向分析、需求收入弹性分析以及基本需求分析方法,剖析我国居民的需求、收入及消费情况。第三,ELES 模型法“不仅可以按社会条件保证劳动力正常再生产的全部费用,而且无需人为规定逐期调整额或调整幅度,而只需根据定期计算结果对最低工资标准进行调整,保证最低工资标准的性质不变性。同时,采用这种方法确定最低工资标准可以很容易地处理通货膨胀或通货紧缩造成的扭曲”[①]。

综上所述,ELES 模型逐渐表现出更大的理论价值与更强的操作性,因而相较于目前的通用方法,更适合作为当前形势下测算最低工资标准的分析方法。

(四)静态测算

下文分别运用比重法、恩格尔系数法和 ELES 模型法三种方法来测算 S 省 C 市的月最低工资标准。

1. 比重法

该方法的测算公式为:

最低工资标准=最低收入户消费性支出赡养系数+调整因素

表 1　　C 市城镇居民低收入户的消费性支出[②]

年份	2011 年	2012 年	2013 年
城镇居民(最)低收入户消费性支出(元/人/年)	12095.83	11863.56	9445.56

① 张衔、徐延辰:《最低工资标准的理论依据与定量分析》,《社会科学辑刊》2014 年第 2 期。

② 数据来源:《C 市统计年鉴》(2012～2014)。

表 2　　C 市赡养系数[①]

2011 年	2012 年	2013 年
1.91	1.97	2.00

从表 1、表 2 中数值可计算出 C 市 2011 年、2012 年、2013 年的月最低工资标准测算值：

2011 年的月最低工资标准＝(12095.83÷12)1.91＋0＝1925.26 元

2012 年的月最低工资标准＝(11863.56÷12)1.97＋0＝1947.6 元

2013 年的月最低工资标准＝(9445.56÷12)2.00＋0＝1574.26 元[②]

C 市 2011 年、2012 年、2013 年最低工资的政府实际执行值分别为 850 元/月、1050 元/月、1200 元/月。比重法计算得到的最低工资标准测算值与执行值之间差距较大，执行值远低于测算值，二者契合程度较低。

2. 恩格尔系数法

恩格尔系数法公式为：

最低工资标准＝最低收入户人均食品费用÷恩格尔系数赡养系数＋调整因素

表 3　　C 市 2011～2013 年各项数据[③]

年份	2011	2012	2013
人均食品支出(元/年)	4085.08	4534.56	4386.18
赡养系数	1.91	1.97	2.00
恩格尔系数	0.37	0.354	0.351

将表 3 中的数据代入公式，得出恩格尔系数法测算值：

2011 年最低工资标准＝(4085.08÷12)÷0.371.91＋0＝1757.32 元

2012 年最低工资标准＝(4534.56÷12)÷0.3541.97＋0＝2102.89 元

2013 年最低工资标准＝(4386.18÷12)÷0.3512.00＋0＝2074.16 元

可见，恩格尔系数法的测算结果远高于实际执行值，二者契合程度低。

---

① 数据来源：《C 市统计年鉴 2014》。

② 需说明的是，因为《C 市统计年鉴 2014》中 2013 年的数据没有把“最低”和“低”两项分开，即取消了“最低”这一项，导致两个问题：一是在数据选择上，只有选择第二档“低收入户的”人均消费性支出；二是最终的计算结果也因为统计数据的变化而与前两年产生较大落差。

③ 数据来源：《C 市统计年鉴(2012～2014)》。2013 年的统计数据(即《C 市统计年鉴 2014》)由于统计项日的改变，取消了“最低收入户”和“最高收入户”两项，故表 3 中 2013 年城镇最低收入户人均食品支出使用的是城镇低收入户人均食品支出的数据值。

3. ELES模型法

(1)人均基本支出。ELES模型测算最低工资标准的核心在于人均基本支出的估计,模型基于对各收入层次人群消费结构的分析,剥离出人均的基本需求。为了研究各收入层次的消费结构,本文参考统计年鉴的做法,将居民的消费性支出划分为食品、衣着、居住、家庭设备用品及服务、交通通信、医疗保健支出、娱乐教育文化服务、其他商品与服务这八大类。在此基础上,采集不同收入层次居民消费情况作为样本,以各类商品消费性支出(被解释变量)对可支配收入(解释变量)进行回归,得到八个关系式,$C_i=\alpha_i+\beta_i I+u_i$,$i=1,2,3,4,5,6,7,8$。具体结果参见表4、表5。

表4　2013年S省城镇居民生活费回归计算结果表

被解释变量	α	β	T	可决系数R^2	p
1.食品	2945.334	0.158	12.205	0.974	0
2.衣着	103.862	0.073	37.880	0.997	0
3.居住	291.288	0.046	40.281	0.998	0
4.其他商品和服务	−139.775	0.031	14.129	0.980	0
5.交通和通信	−655.634	0.127	12.053	0.973	0
6.家庭设备用品及服务	87.411	0.050	23.369	0.993	0
7.医疗保健	449.442	0.026	6.751	0.919	0.003
8.教育文化娱乐服务	−56.323	0.086	16.640	0.986	0
合计	3025.605	0.596	—	—	—

表5　2014年S省城镇居民生活费回归计算结果表

被解释变量	α	β	T	可决系数R^2	p
1.食品	2716.386	0.0680	6.806	0.921	0.002
2.衣着	312.418	0.0510	21.433	0.991	0.000
3.居住	668.061	0.1040	17.533	0.987	0.000
4.其他商品和服务	98.319	0.0160	9.924	0.961	0.001
5.交通和通信	196.757	0.0810	18.340	0.988	0.000
6.家庭设备用品及服务	359.236	0.0350	12.693	0.976	0.000
7.医疗保健	366.710	0.0380	6.091	0.903	0.004

续表

被解释变量	α	β	T	可决系数 R^2	p
8. 教育文化娱乐服务	439.910	0.0510	15.721	0.984	0.000
合计	5157.797	0.4443	—	—	—

基于上述的回归结果，可以进一步计算S省的人均基本支出。具体步骤如下：首先，界定三种层次的基本消费支出：生存线、温饱线和发展线。其中，生存线包括食品、衣着、居住、其他商品及服务这四大类别；温饱线则界定为生存线和交通通信、家庭设备用品支出的总和；至于发展线，涵盖了上述八类商品的消费性支出，即包括食品、衣着、居住、家庭设备用品及服务、交通通信、医疗保健支出、娱乐教育文化服务、其他商品与服务的基本消费支出。在此基础上，根据以下各类商品的基本生存支出函数分别求得八项消费性支出，然后按照生存线、温饱线、发展线所包括的消费支出项目加总平均：

$$p_i r_i = \alpha_i + \beta_i \frac{\sum_{i=1}^{n} \alpha_i}{1 - \sum_{i=1}^{n} \beta_i}$$

计算结果见表6、表7：

表6　　2013年S省人均基本支出额ELES模型测算结果

地区	人均基本支出额(元/月)			赡养系数
	生存线	温饱线	发展线	
S省	458.35	521.18	623.73	1.90

表7　　2014年S省人均基本支出额ELES模型测算结果

地区	人均基本支出额(元/月)			赡养系数
	生存线	温饱线	发展线	
S省	501.08	637.56	773.46	1.90

(2)横向调整。由于C市部分数据资料的变化①，本文在S省最低工资标准的基础上进行横向调整，转换得到C市最低工资标准。具体公式如下：

① 《C市统计年鉴2014》取消了按收入阶层分组的统计指标，由于数据的缺失，模型的回归难以进行，因而采用S省的水平横向调整后转化为C市的最低工资标准。

横向调整指数=[(C市人均GDP/S省人均GDP)(C市城镇居民人均消费支出/S省城镇居民人均消费支出)(C市职工平均工资/S省职工平均工资)(C市人均赡养系数/S省人均赡养系数)]$^{1/4}$

各年度的横向调整指数测算结果详见表8、表9。

表8　　2013年C市最低工资横向调整指数表①

地区	年人均消费支出(元)	人均赡养系数	职工年平均工资(元)	人均GDP(元)	最低社保费(元)	横向调整指数
C市	20362	2.00	47664	63977	229.81	1.310
S省	16343	1.90	41795	32454	—	1

表9　　2014年C市最低工资横向调整指数表②

地区	年人均消费支出(元)	人均赡养系数	职工年平均工资(元)	人均GDP(元)	最低社保费(元)	横向调整指数
C市	21711	1.94	51681	70019	202.18	1.295
S省	17760	1.90	45697	35128	—	1

(3)最低工资标准。最低工资标准的计算公式如下：

C市最低工资标准=剔除社保费的S省最低工资平均值横向调整指数
+最低社保费

其中,剔除社保费的S省最低工资平均值=S省人均基本支出额实际赡养系数。

实际赡养系数=S省人均赡养系数工薪收入与可支配收入的比例系数

表10为各年度C市月最低工资标准的具体情况。

表10　　2011～2014年C市最低工资标准静态测算值(ELES模型)　　单位:元/月

时间(年)	生存线	温饱线	发展线
2011	885.4016	958.7429	1056.262
2012	954.1663	980.3411	1098.038
2013	1034.624	1144.956	1325.029
2014	945.0034	1147.329	1348.789

① 数据来源:《C市统计年鉴2014》《S省统计年鉴2014》。

② 数据来源:《C市统计年鉴2014》《S省统计年鉴2014》。

（五）动态预测

因统计数据的滞后，本年度标准的制定大多基于上年度的情况进行动态调整，步骤如下：

1. 动态调整模型

上年度的最低工资标准确定后，可以建立基于上年度最低工资标准的动态调整模型，实现本年度最低工资标准的动态预测。动态调整模型由以下三部分构成：

本年度最低工资标准＝上年度最低工资标准＋本年度最低工资增加额

本年度最低工资增加额＝上年度不含社保费最低工资标准本年度动态调整指数＋本年度社保缴费增加额

本年度动态调整指数＝（上年度C市人均GDP增长率＋上年度C市城镇居民消费价格上涨率＋上年度C市职工平均工资增长率）÷3

模型所需的数据详见表11、表12。

表11　　2014年C市动态调整数据

地区	上年度人均GDP增长率	上年度职工平均工资增长率	上年度城镇居民消费价格上涨率	最低社保费增加额
C市	11.03%	24.71%	3.10%	62.95元

表12　　2015年C市动态调整数据

地区	上年度人均GDP增长率	上年度职工平均工资增长率	上年度城镇居民消费价格上涨率	最低社保费增加额
C市	9.50%	8.47%	1.30%	41.45元

2. 预测结果

以2015年C市最低工资标准为例来简要概述模型的预测流程。首先，测算出2014年C市最低工资标准的理论值，并以此作为2015年调整最低工资标准的依据。其次，整合上年度人均GDP增长率、城镇居民消费价格上涨率和职工平均工资增长率的情况，形成动态调整指数。最后，估计2015年最低工资标准，实现动态调整。详细结果参见表13。

表 13　2013～2015 年 C 市最低工资标准 ELES 模型动态调整预测值　单位:元/月

时间(年)	ELES 模型动态调整预测值			最低工资政府执行值	执行值与预测值发展线之差
	生存线	温饱线	发展线		
2013	1033.914	1144.246	1324.319	1200	−124.319
2014	1201.037	1325.650	1529.032	1400	−129.032
2015	1034.167	1249.490	1463.890	1500	36.110

从表 13 可见,用 ELES 模型动态调整后,C 市 2013 年最低工资标准的预测值发展线为 1324.319 元,政府实际执行值为 1200 元,执行值比预测值温饱线高 55.75 元,比预测值发展线低 124.319 元。C 市 2014 年最低工资标准的预测值发展线为 1529.032 元,政府实际执行值为 1400 元,执行值比预测值温饱线高 74.35 元,比预测值发展线低 129.032 元。C 市 2015 年最低工资标准的预测值发展线为 1463.890 元,政府实际执行值为 1500 元,执行值高于预测值发展线 36.11 元。

3. 模型检验

出于合理制定最低工资标准测算方案的考虑,需进行 ELES 模型法预测的稳定性检验。

选取 2014 年最低工资标准为样本进行稳定性检验。联系表 10,2014 年 C 市 ELES 模型静态测算值发展线为 1348.789 元,而表 13 ELES 模型动态调整预测值发展线为 1529.032 元。相较之下,动态预测值高于静态测算值 180.234 元,即二者之间存在一定的偏差。

一般来说,模型预测的基本假定都是经济状况稳定变动,因为一旦经济形势变动幅度较大引致动态调整指标的较大变动,动态预测值和静态测算值之间便会出现一定的偏差。近年来我国经济增幅放缓,人均 GDP 增长率、城镇居民消费价格上涨率和职工平均工资增长率等指标均有所下滑。从表 11、表 12 中可以看出,人均 GDP 增长率从 11.03%降至 9.50%,降幅为 1.53%;城镇居民消费价格上涨率从 3.10%降至 1.30%,降幅为 1.8%;职工平均工资增长率从原先的 24.71%变为 8.47%,降幅高达 16.24%。三大指标的下降导致动态调整指标的下降,进而使静态测算值低于动态预测值。目前在经济条件相对稳定的情况下,人均 GDP 增长率、城镇居民消费价格上涨率和职工平均工资增长率同样呈相对稳定态势,因此,今后若使用 ELES 模型法,动态预测值将在静态测算值上下的可控范围内变动。

四、结论与建议

本文在马克思工资理论的指导下，用比重法、恩格尔系数法和ELES模型法三种方法对S省C市最低工资标准进行了测算。测算结果显示，用比重法和恩格尔系数法计算出来的测算值都远高于政府实际执行值，这可能是由于这两种方法选择的基点不合理所致。而使用ELES模型法计算的结果则显示，C市的最低工资标准基本合理，且逐年提升，目前能满足劳动者及其赡养人口包括食品、衣着、居住、家庭设备用品及服务、交通通信、医疗保健、娱乐教育文化服务、其他商品与服务在内的八类基本消费支出。由此可见，ELES模型法可以按社会条件保证劳动力正常再生产的全部费用，符合理论要求。可以直接运用截面资料进行参数估计，还可以用来进行边际消费倾向分析、需求收入弹性分析、基本需求分析。因此，ELES模型法是用来测算最低工资标准相对科学的工具。

最低工资制度是保障劳动者合法权益的必要手段。

首先应当明确最低工资标准的内涵。《最低工资规定》第3条第1款简单界定了何为最低工资标准，第12条第1款列举了最低工资标准应剔除的部分项目，但对于用人单位提供食宿、实物、代金券等非货币性补贴是否计入最低工资，以及劳动者个人缴纳的"三险一金"是否计入最低工资缺乏明确规定。① 建议统一最低工资标准的内涵，明确列举不属于最低工资组成的支付项目，特别是剔除劳动者个人缴纳的"三险一金"，以进一步提高低收入劳动者的实际可支配工资收入，使其更好地分享到经济社会改革发展的成果。

其次，为了保证最低工资标准的科学性和合理性，建议政府部门结合本地经济社会发展的实际状况，在完善测算最低工资标准方法的基础上，综合考虑国家和地方的实际因素，制定符合本地经济社会发展实际、可动态调整的，职工增收与失业保障相平衡的最低工资标准。

---

① 目前，全国只有上海等少数省市和地区的最低工资标准是扣除了社会保险费后的净值，其他省市和地区则包含了劳动者个人应缴的部分。S省C市用人单位支付给劳动者的最低工资标准也包含了劳动者个人应缴纳的"三险一金"。计算下来，2015年领取最低工资标准1500元的职工月实际可支配收入仅为1195.22元。

再次,如果最低工资标准提升得过高过快,会对就业造成负面影响。各地政府在调整最低工资标准时,应坚持稳慎原则,把握好调整幅度和节奏,兼顾劳动者收入合理提升和企业正常运营需要。一方面发挥最低工资标准在保障低收入劳动者家庭生活的“兜底”功能,另一方面考虑到企业的用工成本承载力,管控工资成本上升的负面冲击。同时,为了实现最低工资标准和就业的协调,建议改变仅仅按地区划分最低工资标准的做法,在实行地区标准的基础上,有甄别地测度行业劳动力成本,研究和发布部分重要行业最低工资标准,强化最低工资制度实施的行业精准性,提高制度执行力,并为开展行业性工资集体协商制度提供参考依据。

最后,政府还应注重最低工资标准与失业保险金、最低生活保障金的衔接,保持三者之间的合理差距,鼓励有劳动能力者积极就业,增加社会劳动力供给,而不是单纯依靠失业保险金或低保费生活;统筹最低工资制度、失业保险制度、最低生活保障制度的制定,减少制度之间的冲突和摩擦,最大限度地提升三类制度及政策的综合效果。

(原载于《山东大学学报(哲学社会科学版)》2017 年第 4 期)

中央和地方关系视角下的金融监管

——一个小额贷款行业的实证研究

唐应茂

一、问题与理论：金融监管中的中央和地方关系

中央与地方的关系问题，既是一个学术理论问题，也是一个现实政策问题。党的十八届四中全会从依法治国角度要求“推进各级政府事权规范化、法律化，完善不同层级政府特别是中央和地方政府事权法律制度”①。在金融领域，部分金融机构监管权从中央下放到地方，中央和地方关系问题成为近十年来一个非常重要的政策性问题，地方金融监管实践也为中央和地方关系的理论研究提供了新的视角。

从实践来看，在过去的十年中，各省、自治区、直辖市纷纷出台了地方性金融监管规则、设立了地方性金融监管机构，负责小额贷款公司、融资担保公司、地方金融交易平台等地方性金融机构的设立审批和持续监管。地方性金融机构的作用日益突出。比如，各省、自治区、直辖市批准设立的小额贷款公司近1万家，其数量已经超过了中央“一行三会”管理的所有金融机构的总和。② 因此，分权带来增长，这在金融监管领域得到了进一步印证，在微观层面也得到

① 《中共中央关于全面推进依法治国若干重大问题的决定》，http://politics.people.com.cn/n/2014/1029/c1001-25926893.html，访问时间：2017年7月30日。

② 截至2015年底，全国共有小额贷款公司8910家，从业人员117344人，实收资本8459.29亿元，贷款余额9411.51亿元(参见中国人民银行：《2015年小额贷款公司统计数据报告》，http://www.pbc.gov.cn/diaochatongjisi/116219/116225/3010843/index.html，访问时间：2017年7月30日)。

了直接的证据支持。比如,阿里巴巴最早在浙江省设立小额贷款公司,为其电商平台的商户提供小额、短期贷款;之后不久,阿里巴巴就在重庆市设立了两家小贷公司,逐渐将小额贷款业务放入重庆小贷公司。阿里巴巴选择重庆市,"放弃"浙江省,很大程度上是重庆市和浙江省之间竞争的结果,重庆市的小贷公司监管规则给予了"阿里小贷"更大的发展空间。

另一方面,由于近年来地方性金融机构出现各种风险事件,金融监管领域的中央和地方关系问题一直是我国的中心工作之一。党的十八届三中全会提出,要"界定中央和地方金融监管职责和风险处置责任"①。2017 年 4 月,习近平总书记在中共中央政治局第四十次集体学习时强调,要加强党对金融工作的领导,坚持党中央集中统一领导。② 因此,在金融领域,强调集中、强调统一、强调全国一盘棋,这在一定程度上是对之前分权安排的再调整。

2008 年,中国人民银行和中国银监会联合发布了《关于小额贷款公司试点的指导意见》(以下简称《指导意见》),规定了成立小额贷款公司应当符合的条件,以及小额贷款公司运营中应当遵守的规则。同时,中央将小额贷款公司的立法权(规则制定权)、审批权和监管权下放到各省。从 2008～2015 年,各省、自治区、直辖市都制定了一部或多部小额贷款业监管的地方性规章或规范性文件。为此,我们收集和整理了全国各省、自治区、直辖市发布的小额贷款公司管理规则,比较了各地方规则与《指导意见》的差异、各省、自治区、直辖市规则之间的差异,并分析这些差异对于该地小额贷款公司发展情况的影响。本文的研究发现,各省、自治区、直辖市颁布的地方性规则既有与《指导意见》直接冲突以及各省、自治区、直辖市之间存在显著差异的"冲突型"规则,也包含了《指导意见》中没有规定的"扩展型"规则。"冲突型"规则的存在证明了"阿里小贷"故事的合理性,但是,"扩展型"规则的普遍存在则反映了金融监管领域的复杂性和特殊性。

---

① 《中共中央关于全面深化改革若干重大问题的决定》,http://www.gov.cn/jrzg/2013-11/15/content_2528179.htm,访问时间:2017 年 7 月 30 日。

② 《习近平在中共中央政治局第四十次集体学习时强调:金融活经济活,金融稳经济稳,做好金融工作维护金融安全》,http://news.xinhuanet.com/politics/2017-04/26/c_1120879349.htm,访问时间:2017 年 7 月 30 日。

二、地方性规则："冲突型"和"扩展型"

（一）地方规则遍地开花

从《指导意见》出台之后，各省、自治区、直辖市政府或小额贷款公司主管部门相继颁布了适用于本地区小额贷款公司的监管规则。这些规则的名称多种多样。多数称为"管理暂行办法""管理办法"，也有名为"通知""意见"的规范性文件。在这些规则中，既有系统性的、针对小额贷款公司各方面事项规定的"管理办法"，也有针对小额贷款个别领域出台的"意见""通知"，比如针对股东资质要求的意见，针对董事、监事、高管资质标准的通知，针对设立分支机构的办法，等等。

表1报告了截至2014年底各省、自治区、直辖市有关小额贷款公司规则的情况[第(5)(6)(7)列]。从表1可以看出，从2008年到2014年底，中央只颁布了一个规范性文件，即前面提到的《指导意见》。这个文件只有短短29条，不到3000字。相比之下，几乎所有省、自治区、直辖市政府都颁布了专门针对小额贷款公司的地方性规则，但各省、自治区、直辖市情况存在很大差异。[①] 不少地方，如四川、甘肃、青海、宁夏和新疆，只发布了一个关于小额贷款公司的管理办法，而其他地方则颁布了两个以上的规章或规则。河北省和陕西省颁布的规则最多，达到了14个。

当然，规则数量并不能完全说明各省、自治区、直辖市小额贷款公司规则的情况。表1还报告了各省、自治区、直辖市规则的条款数和字数，大概代表各省、自治区、直辖市规则的详尽程度或立法力度。因此，同样一个规则，其"含金量"可能差别很大。比如，四川省颁布了一个有关小额贷款公司的地方性规章，一共只有35条，6000多字[②]；而青海省虽然也只颁布了一个规则，但这个规则有60条，接近1万字，非常详尽。[③] 总体而言，规则数越多的地方，规则的条款数、字数通常也越多。比如，发布规则数量最多的是陕西省，它发布的

① 在全国省级行政区中，只有西藏自治区没有颁布专门针对小额贷款公司的地方性规章，而是在《西藏自治区"十二五"时期国民经济和社会发展规划纲要》和《西藏自治区2011年深化经济体制改革工作要点》分别提及有关小额贷款公司的发展和监管问题。

② 2008年11月28日《四川省小额贷款公司管理暂行办法》。

③ 2012年2月27日《青海省小额贷款公司管理暂行办法》。

14 条规则一共有 311 条,总计超过 5 万字。河北省、安徽省、河南省、广西壮族自治区也都属于规则数、条款数和字数较多的区域,它们颁布的所有规则汇总起来都超过了两万字。总的来讲,从篇幅来看,《指导意见》和各地方规则的差异、各地方规则之间的差异都是非常明显的。

此外,为了更细致了解小额贷款公司地方规则的实质内容,地方规则与《指导意见》的差异,以及各地方规则之间的差异,我们还对各省、自治区、直辖市小额贷款公司规则的内容进行了梳理。具体而言,我们的方法是以《指导意见》具体内容为基础,将小额贷款公司涉及的监管领域或问题进行了细分,梳理出 25 个具体问题,包括小额贷款公司的业务范围、股东股比限制、股东资质、业务地域限制等问题。针对每一个具体问题,我们将各省、自治区、直辖市规则与《指导意见》进行了比较。在比较的时候,我们首先看某省、自治区、直辖市规则与《指导意见》是否一致,如果一致,那么,就记为“一致”;如果不一致,就记为“不一致”。表 2 介绍了重庆市规则、浙江省规则与《指导意见》的比较结果。

就“一致”而言,地方规则通常就是把《指导意见》的规定照抄一遍。对于“不一致”的规则,我们进一步分成两种情况:“冲突型”和“扩展型”。就“冲突型”规则而言,虽然《指导意见》已经作出了相关规定,但地方规则对《指导意见》作出了修改,地方规则和《指导意见》明显不一致,存在冲突;就“扩展型”规则而言,则说明《指导意见》没有任何规定,而地方则作了不同程度的补充规定。

在“冲突型”规则中,我们可以将地方规定和《指导意见》规定进行比较,看地方规定比《指导意见》规定更严格还是更宽松。根据这样的比较,我们将“冲突型”规则又可以分成“冲突—严格型”和“冲突—宽松型”两类。在“扩展型”规则中,由于《指导意见》对相关问题没有任何规定,《指导意见》对此采取什么样的态度存在不同解读的可能性,因此,我们对“扩展型”规则没有作进一步细分。

表 1　　2014 年底小额贷款公司数据描述性统计结果

	(1)	(2)	(3)	(4)	(5)	(6)	(7)	(8)	(9)	(10)	(11)
	实收资本（亿元）	贷款余额（亿元）	机构数	从业人数	法规数	法条数	法规字数（千字）	冲突（严格）	冲突（宽松）	扩展	一致
全国	8283.1	9420.4	8791	109948	1	29	2.9	NA	NA	NA	NA
北京市	104.0	118.5	71	867	4	113	15.9	4	1	7	13
天津市	129.8	137.1	110	1445	2	101	11.0	4	2	7	12
河北省	270.9	289.0	479	5524	14	98	23.5	1	1	9	14
山西省	218.9	214.5	344	3544	2	9	6.2	0	1	9	15
内蒙古自治区	343.6	355.2	473	4756	3	65	7.2	1	0	2	22
辽宁省	375.9	346.2	600	5586	2	54	7.9	3	1	5	16
吉林省	111.9	87.06	427	3575	3	81	10.3	0	1	3	21
黑龙江省	122.9	110.3	255	2263	2	62	8.0	3	2	10	12
上海市	166.3	204.4	117	1601	2	46	9.5	4	4	7	10
江苏省	929.9	1147.0	631	6231	4	39	12.9	2	2	6	15
浙江省	709.0	910.6	340	4127	5	99	17.5	3	2	11	9
安徽省	358.0	423.7	461	5808	6	223	38.9	1	1	9	14
福建省	258.2	301.4	113	1783	3	53	10.1	3	3	7	12
江西省	244.1	282.1	224	2925	3	79	18.0	2	1	7	15
山东省	400.7	462.4	327	4040	6	80	15.8	2	2	4	17

续表

	(1)	(2)	(3)	(4)	(5)	(6)	(7)	(8)	(9)	(10)	(11)
	实收资本（亿元）	贷款余额（亿元）	机构数	从业人数	法规数	法条数	法规字数（千字）	冲突（严格）	冲突（宽松）	扩展	一致
河南省	223.0	246.3	325	4952	6	74	28.7	2	2	10	11
湖北省	310.3	330.8	272	3860	6	90	22.7	1	2	9	13
湖南省	98.3	106.4	127	1587	5	40	8.7	2	2	8	13
广东省	559.9	614.2	400	9274	5	35	8.0	2	3	6	14
广西壮族自治区	250.5	358.3	312	4121	6	74	18.4	1	2	5	17
海南省	34.5	38.4	38	451	5	95	16.8	1	1	7	16
重庆市	549.3	743.1	246	5736	5	169	20.0	3	3	11	8
四川省	582.3	661.9	350	8245	1	35	6.7	3	1	6	15
贵州省	87.0	86.0	281	3244	4	104	15.3	0	1	9	15
云南省	195.9	204.2	409	3984	5	140	17.2	1	1	10	13
西藏自治区	8.0	4.8	12	115	2	2	0.5	0	0	0	26
陕西省	217.2	216.6	253	2660	14	311	58.0	1	2	10	12
甘肃省	144.8	118.0	351	3337	1	37	4.1	3	2	7	13
青海省	49.1	52.7	70	818	1	60	9.4	2	1	7	15
宁夏回族自治区	67.1	65.3	116	1470	1	40	6.3	2	2	7	14
新疆维吾尔族自治区	161.8	184.3	257	2019	1	41	4.8	1	0	7	17

表 2　　重庆市和浙江省小额贷款公司监管规则与《指导意见》的比较及差异

编号	内容	《指导意见》规定	重庆市规则与《指导意见》是否一致①	浙江省规则与《指导意见》是否一致
1.	性质	由自然人、企业法人与其他社会组织投资设立，不吸收公众存款，经营小额贷款业务的有限责任公司或股份有限公司②	一致	一致
2.	业务范围	没有特别规定，但定义中规定经营小额贷款业	不一致(冲突型——比《指导意见》规定宽松)③	不一致(冲突型——比《指导意见》规定宽松)
3.	股东人数	小额贷款公司的股东需符合法定人数规定。有限责任公司应由 50 个以下股东出资设立；股份有限公司应有 2～200 名发起人，其中须有半数以上的发起人在中国境内有住所④	不一致(冲突型——比《指导意见》规定严格)	一致
4.	注册资本	有限责任公司的注册资本不得低于 500 万元，股份有限公司的注册资本不得低于 1000 万元⑤	不一致(冲突型——比《指导意见》规定严格)	不一致(冲突型——比《指导意见》规定严格)

① 重庆市规则根据截至 2015 年 9 月 30 日的相关法规整理，重庆市在 2015 年 12 月 25 日发布的《重庆市小额贷款公司开展网络贷款业务监管指引(试行)》、2016 年 1 月 4 日发布的《重庆市小额贷款公司贷款风险分类指引(试行)》暂未纳入考量。

② 《关于小额贷款公司试点的指导意见》第 1 条。

③ 对于"冲突型"规则，我们做了进一步分类，即根据地方规则相对于《指导意见》更宽松还是更严格，将"冲突型"规则分为"冲突—宽松型"和"冲突—严格型"两类。对于"扩展型规则"而言，由于《指导意见》没有任何规定，对《指导意见》的立场如何存在不同解读，因此，我们没有再将"扩展型"规则做进一步分类。

④ 《关于小额贷款公司试点的指导意见》第 2 条。

⑤ 《关于小额贷款公司试点的指导意见》第 2 条。

续表

编号	内容	《指导意见》规定	重庆市规则与《指导意见》是否一致	浙江省规则与《指导意见》是否一致
5.	单一股东/大股东限制(上限)	单一自然人、企业法人、其他社会组织及其关联方持有的股份,不得超过小额贷款公司注册资本总额的10%①	不一致(冲突型——比《指导意见》规定宽松)	不一致(冲突型——比《指导意见》规定宽松)
6.	单一股东/大股东限制(下限)	单一自然人、企业法人、其他社会组织及其关联方持有的股份,不得超过小额贷款公司注册资本总额的10%	不一致(冲突型——比《指导意见》规定更严格)	不一致(冲突型——比《指导意见》规定更严格)
7.	外资准入规则	无	不一致(扩展型)	不一致(扩展型)
8.	股东资格	出资设立小额贷款公司的自然人、企业法人和其他社会组织,应无犯罪记录和不良信用记录②	不一致(扩展型)	不一致(扩展型)
9.	董事监事高管任职资格	拟任小额贷款公司董事、监事和高级管理人员的自然人,应无犯罪记录和不良信用记录③	不一致(扩展型)	不一致(扩展型)
10.	设立流程	申请设立小额贷款公司,应向省级政府主管部门提出正式申请,经批准后,到当地工商行政管理部门申请办理注册登记手续并领取营业执照。此外,还应在5个工作日内向当地公安机关、中国银行业监督管理委员会派出机构和中国人民银行分支机构报送相关资料④	不一致(扩展型)	不一致(扩展型)

① 《关于小额贷款公司试点的指导意见》第2条。
② 《关于小额贷款公司试点的指导意见》第2条。
③ 《关于小额贷款公司试点的指导意见》第2条。
④ 《关于小额贷款公司试点的指导意见》第2条。

续表

编号	内容	《指导意见》规定	重庆市规则与《指导意见》是否一致	浙江省规则与《指导意见》是否一致
11.	分支机构	无	不一致(扩展型)	不一致(扩展型)
12.	资金来源	小额贷款公司的主要资金来源为股东缴纳的资本金、捐赠资金,以及来自不超过两个银行业金融机构的融入资金。在法律、法规规定的范围内,小额贷款公司从银行业金融机构获得融入资金的余额,不得超过资本净额的50%;融入资金的利率、期限由小额贷款公司与相应银行业金融机构自主协商确定,利率以同期“上海银行间同业拆放利率”为基准加点确定①	不一致(扩展型)	一致
13.	最高贷款额度	同一借款人的贷款余额不得超过小额贷款公司资本净额的5%。在此标准内,可以参考小额贷款公司所在地经济状况和人均GDP水平,制定最高贷款额度限制②	不一致(冲突型——比《指导意见》规定更宽松)	不一致(冲突型——比《指导意见》规定严格)
14.	贷款利率	小额贷款公司按照市场化原则进行经营,贷款利率上限放开,但不得超过司法部门规定的上限,下限为人民银行公布的贷款基准利率的0.9倍,具体浮动幅度按照市场原则自主确定③	一致	一致

① 《关于小额贷款公司试点的指导意见》第3条

② 《关于小额贷款公司试点的指导意见》第4条。

③ 《关于小额贷款公司试点的指导意见》第4条。

续表

编号	内容	《指导意见》规定	重庆市规则与《指导意见》是否一致	浙江省规则与《指导意见》是否一致
15.	发起人承诺制度	小额贷款公司应建立发起人承诺制度，公司股东应与小额贷款公司签订承诺书，承诺自觉遵守公司章程，参与管理并承担风险①	一致	不一致(扩展型)
16.	公司治理结构与内部控制	小额贷款公司应按照《公司法》要求建立健全公司治理结构，明确股东、董事、监事和经理之间的权责关系，制定稳健有效的议事规则、决策程序和内审制度，提高公司治理的有效性。小额贷款公司应建立健全贷款管理制度，明确贷前调查、贷时审查和贷后检查业务流程和操作规范，切实加强贷款管理。小额贷款公司应加强内部控制，按照国家有关规定建立健全企业财务会计制度，真实记录和全面反映其业务活动和财务活动②	一致	一致
17.	资产分类制度和拨备制度	小额贷款公司应按照有关规定，建立审慎规范的资产分类制度和拨备制度，准确进行资产分类，充分计提呆账准备金，确保资产损失准备充足率始终保持在100%以上，全面覆盖风险③	一致	一致

① 《关于小额贷款公司试点的指导意见》第5条。
② 《关于小额贷款公司试点的指导意见》第5条。
③ 《关于小额贷款公司试点的指导意见》第5条。

续表

编号	内容	《指导意见》规定	重庆市规则与《指导意见》是否一致	浙江省规则与《指导意见》是否一致
18.	信息披露制度	小额贷款公司应建立信息披露制度，按要求向公司股东、主管部门、向其提供融资的银行业金融机构、有关捐赠机构披露经中介机构审计的财务报表和年度业务经营情况、融资情况、重大事项等信息，必要时应向社会披露	不一致（扩展型）	不一致（扩展型）
19.	社会监督机制	小额贷款公司应接受社会监督，不得进行任何形式的非法集资	一致	不一致（扩展型）
20.	中国人民银行监督	中国人民银行对小额贷款公司的利率、资金流向进行跟踪监测，并将小额贷款公司纳入信贷征信系统①	一致	不一致（扩展型）
21.	政府监管	凡是省级政府能明确一个主管部门（金融办或相关机构）负责对小额贷款公司的监督管理，并愿意承担小额贷款公司风险处置责任的，方可在本省（区、市）的县域范围内开展组建小额贷款公司试点②	不一致（扩展型）	一致
22.	行业自律机制	无	不一致（扩展型）	一致
23.	小额贷款公司的变更	无	不一致（扩展型）	不一致（扩展型）

① 《关于小额贷款公司试点的指导意见》第 5 条。

② 《关于小额贷款公司试点的指导意见》第 5 条。

续表

编号	内容	《指导意见》规定	重庆市规则与《指导意见》是否一致	浙江省规则与《指导意见》是否一致
24.	小额贷款公司的终止	小额贷款公司法人资格的终止包括解散和破产两种情况。小额贷款公司可因下列原因解散:(一)公司章程规定的解散事由出现;(二)股东大会决议解散;(三)因公司合并或者分立需要解散;(四)依法被吊销营业执照、责令关闭或者被撤销;(五)人民法院依法宣布公司解散。小额贷款公司解散,依照《公司法》进行清算和注销①	不一致(扩展型)	不一致(扩展型)
25.	改建	小额贷款公司依法合规经营,没有不良信用记录的,可在股东自愿的基础上,按照《村镇银行组建审批指引》和《村镇银行管理暂行规定》规范改造为村镇银行	一致	一致

① 《关于小额贷款公司试点的指导意见》第6条。

（二）“冲突型”规则

“冲突型”规则在各地方规则中几乎都存在，涉及诸多领域。比如，对于股东持股比例的上限，《指导意见》规定：“单一自然人、企业法人、其他社会组织及其关联方持有的股份，不得超过小额贷款公司注册资本总额的 10%。”而北京市规则规定：“单一最大股东（包括其关联方）持有的股份不得超过公司注册资本总额的 30%，其他单一股东及其关联方持有的股份不得超过公司注册资本总额的 20%。”北京市将《指导意见》的单一股东持股比例不超过 10%，放松为最大股东不得超过 30%，其他单一股东不得超过 20%，这是对《指导意见》的直接突破。

此外，从“阿里小贷”的故事来看，重庆市同浙江省相比，在外资准入、大股东持股比例、业务范围等规则都存在巨大差异，它们各自的规则同《指导意见》相比，也在不同程度上存在偏离，甚至直接冲突。比如，就外商准入而言，浙江省明文规定不允许外商投资小额贷款公司[①]，而重庆市则明文规定允许外商投资小额贷款公司[②]。阿里巴巴的股东有日本软银、美国雅虎，其外资背景不符合浙江省的规定。而根据重庆市的规定，重庆市允许外资控股小额贷款公司，有外资背景的阿里巴巴在重庆设立两家小额贷款公司没有任何法律障碍。又比如，重庆市允许大股东控股，甚至实践中允许 100%控股，而浙江省则只允许大股东持股不超过 20%。2015 年底，浙江省进一步放宽大股东持股限制，但股比也不能超过 60%。[③]

（三）“扩展型”规则

在我们的研究中，除了“冲突型”规则以外，我们还发现了大量的“扩展型”规则。“扩展”和“冲突”不同。在“冲突”的情况下，《指导意见》对某一问题有明确规定，地方规则实际上改变了《指导意见》规则；而在“扩展”的情况下，《指导意见》没有规定，地方规则没有改变《指导意见》规则，但通过补充形成了额外的地方规则。

---

① 2008 年 7 月 23 日《浙江省小额贷款公司试点登记管理暂行办法》第 8 条规定：“企业法人（不含外商投资企业）、自然人、其他经济组织可以向小额贷款公司投资入股。”

② 2015 年 9 月 18 日重庆市《关于进一步做好小额贷款公司服务实体经济防范风险工作的通知》规定：“取消小额贷款公司境外主发起人资产总额不低于等值 10 亿元人民币的规定。允许企业和自然人在境外设立特殊目的公司投资小额贷款公司。”

③ 2015 年浙江省金融办《关于促进小额贷款公司创新发展的意见》（75 号文）第 3 条。

比如,根据《指导意见》规定,小额贷款公司股东可以是自然人,也可以是机构,只要他们没有“犯罪记录”或“不良信用记录”即可。《指导意见》对股东资质的要求很低。在股东需要符合什么资质条件这个问题上,各地方规则都进行了比较详尽的补充。比如,根据浙江省的规则,企业法人要成为小额贷款公司的股东,除了具备《指导意见》规定的条件外,还需要“连续两年盈利”,需要具备“较强的经营能力和资金实力”①。对于主要的发起人股东,这种“较强的经营能力和资金实力”被细化为“实力雄厚的当地民营骨干企业,净资产5000万元,资产负债率不高于70%,连续三年盈利且利润总额在1500万元以上”。类似的股东资质要求,在其他地方规则中几乎都能见到。② 除了股东资质外,对董事、监事、高管资质要求的规定,规定什么人能够担任小额贷款公司的董事、高管和监事,这也是地方规则对《指导意见》进行扩展的典型例子。③

除了前述实体问题以外,在程序问题上,各地方的“扩展型”规定就更多了。比如,《指导意见》将设立审批、持续监管、终止退出的监管权限都原则上授予了省级政府,对各地如何具体审批、监管没有做进一步要求。在各地方规则中,大量篇幅都是关于审批、监管程序的规定,各地方规则对设立申请需要提交的文件、设立审批的流程、终止的情形和处置程序等问题作了相当详细的规定和要求。比如,2008年7月14日《浙江省小额贷款公司试点暂行管理办法》第12条规定:“小额贷款公司试点方案由所在县(市、区)人民政府报市金融办,由市金融办转报省金融办审核;经济强县(市)和参照执行的区,试点方案由县(市、区)人民政府直接上报省金融办审核,并在市金融办备案。”该管理

① 2008年7月14日《浙江省小额贷款公司试点暂行管理办法》第15条。

② 比如,根据2008年8月1日《重庆市小额贷款公司试点管理暂行办法》第8条和2009年4月27日《重庆市人民政府办公厅关于调整重庆市小额贷款公司试点管理暂行办法有关问题的通知》第2条的规定,在重庆设立小额贷款公司,其企业法人股东必须具备以下条件:(1)在工商行政管理部门登记注册,具有法人资格。(2)有良好的公司治理结构和健全的内部控制制度。(3)有良好的社会声誉、诚信记录和纳税记录。(4)经营管理良好,最近两年内无重大违法违规经营记录。(5)财务状况良好,且最近两个会计年度连续盈利。(6)年终分配后,净资产不低于资产总额的30%(合并会计报表口径)。(7)入股资金来源真实合法,不得以借贷资金入股,不得以他人委托资金入股。(8)除国务院规定的投资公司和控股公司外,权益性投资余额原则上不超过本企业净资产的50%(合并会计报表口径)。

③ 比如,2008年7月14日《浙江省小额贷款公司试点暂行管理办法》第8条规定,浙江省小额贷款公司的董事、监事、高管必须符合以下条件:(1)小额贷款公司董事应具备与其履行职责相适应的金融知识,具备大专以上(含大专)学历,从事相关经济工作3年以上;(2)小额贷款公司的董事长和经理应从事银行业工作2年以上,或者从事相关经济工作5年以上,具备大专以上(含大专)学历。重庆市还专门颁布了《重庆市小额贷款公司董事、高级管理人员任职管理暂行办法》。

办法第10条则进一步对申请人需要提交的文件做了详细规定。

总体而言，无论是从地域分布来看，还是从“扩展型”规则相对于“冲突型”规则的数量来看，“扩展型”规则都是非常普遍的，数量也是非常多的。比如，从表1可以看出，全国每一个省级区域的规则中，几乎都存在“扩展型”规则，这和“冲突型”规则的情况是一样的。进一步看“扩展型”规则的数量，从表1中我们可以看出，就同一地方而言，“扩展型”规则的数量通常大大多于“冲突型”规则的数量。比如，在重庆市，在总计25个领域的规定中，“冲突型”规则有6项[第(8)列加上第(9)列，即3＋3]，而“扩展型”规则就有11项[第(10)列]；在浙江省，“冲突型”规则只有5项，而“扩展型”规则达到11项，是前者的一倍。其他地方的情况也非常类似，“扩展型”规则都在8～9项以上，云南、陕西、河南、黑龙江在10项以上。“扩展型”规则较少的地方，或者相对于“冲突型”规则比较平衡的地方是山东。山东的“冲突型”规则有4项，“扩展型”规则有4项，其他绝大多数是与《指导意见》一致的规定。

三、“扩展型”规则对小额贷款行业的影响

(一)“阿里小贷”故事是否具有普适性

“扩展型”规则普遍、大量存在。在每一个地方规则中，“冲突型”规则少，“扩展型”规则多，这对于小额贷款行业整体的影响如何？“阿里小贷”的故事只是个案，还是反映了一个普遍的规律？

“扩展型”规则对小额贷款行业是否存在影响，如何衡量这个影响，这需要通过实证研究来加以判断。为此，我们收集了各省、自治区、直辖市小额贷款行业的数据，主要是该省、自治区、直辖市不同年份和季度小额贷款公司的实收资本金额和贷款余额，用来衡量该省、自治区、直辖市小额贷款行业的发展程度，同时观察该省、自治区、直辖市的“扩展型”规则对实收资本和贷款余额是否存在影响、影响如何。

就“扩展型”规则对小额贷款行业发展的影响来讲，贵州省是“扩展型”规则影响小额贷款行业发展最为典型的例子。从表1可以看出，贵州省的“扩展型”规则一共有9项[第(10)列]，属于“扩展型”规则较多的省，而贵州省小额贷款行业的实收资本和贷款余额都不到100亿元人民币(86.97亿元和86.02

亿元),属于小额贷款行业发展比较慢的省。同时,贵州省的"冲突型"规则很少,只有1项[第(8)列的0和第(9)列的1之和],这说明除了大量的"扩展型"规则以外,贵州省主要是直接抄写《指导意见》的规定。

不过,"扩展型"规则多、小额贷款行业发展不好,上述分析没有考虑其他因素的影响。比如,青海省、西藏自治区、海南省这些地方,甚至包括上面提到的贵州省,它们的经济发展水平本来就不高。这些地方的小额贷款行业不发达可能是一个必然的现象,与该地区的"扩展型"规则的多少,也许并没有必然的联系。因此,考虑"扩展型"规则的影响乃至法律规则的影响,不能只看规则多少和小额贷款行业发展程度的关系,还需要综合考虑其他因素,比如经济发展水平的影响。只有在排除其他因素对小额贷款行业发展影响的前提下,才能说是"扩展型"规则影响了某地区小额贷款行业的发展。

为此,我们收集了2010年第四季度至2015年第三季度的相关数据,既包括小额贷款行业的实收资本和贷款余额数据,也包括其他常见的用来作为控制变量的数据,如各省、自治区、直辖市人均GDP金额、农业发展程度(农业产值占GDP总值的比例)、金融发展程度(金融业产值占GDP总值的比例)等。数据的时间精确到季度,形成了一个"省、自治区、直辖市—季度"的面板数据。相应的,我们将"冲突型"规则和"扩展型"规则的数目按法规生效的时间匹配到其他数据上。通过控制上述因素,我们希望排除这些因素的影响,重点看规则类型——"扩展型"还是"冲突型"——对于小额贷款行业发展程度是否有影响。

分析各省、自治区、直辖市法律规定的差异,进而研究法律的经济后果,这一方法来自法律与金融学派。比如,他们曾论证,法律规定中对小股东保护强度更大的国家其金融市场也更为发达。① 本文使用了类似的方法。② 表3报告了回归结果。

---

① La Porta, Rafael, Florencio Lopez-de-Silanes, Andrei Shleifer and Robert W. Vishny, Legal Determinants of External Finance, *The Journal of Finance*, 1997, 52(3), 1131-1150; López de Silanes, Florencio, Rafael La Porta, Andrei Shleifer and Robert Vishny, Law and Finance, *Journal of Political Economy*, 1998, 106; La Porta, Rafael, Florencio Lopez-de-Silanes and Andrei Shleifer, The Economic Consequences of Legal Origins, *Journal of Economic Literature*, 2008, 46(2), 285-332.

② 我们用以下OLS模型检验理论假设:

小额贷款业规模$_{it}$ $=\beta_0+\beta_1$ 冲突型规则数$_{it}$ $+\beta_2$ 扩展型规则数$_{it}$ $+\beta_3$ 农业占比$_{it}$ $+\beta_4$ 银行业规模$_{it}$ $+X_{it}$ $+$省固定效应$+$时间固定效应$+$时间趋势$+\varepsilon_{it}$

表 3　各省、自治区、直辖市规则与小额贷款业规模的回归结果

变量	(1)	(2)	(3)	(4)	(5)	(6)	(7)	(8)
	实收资本	实收资本	实收资本	实收资本	贷款余额	贷款余额	贷款余额	贷款余额
扩展型规则数	−8.450**	−11.27**	−12.28**	−11.78**	−9.477**	−11.17	−12.50*	−11.97
	(3.823)	(4.967)	(5.355)	(5.243)	(4.508)	(6.817)	(7.115)	(7.051)
冲突型规则数		6.989				4.203		
		(9.134)				(13.14)		
农业占 GDP 比例	−30.09	−33.95	−32.52	−129.6	−74.34	−76.66	−74.78	−188.1
	(142.0)	(139.9)	(139.8)	(135.7)	(184.0)	(180.4)	(180.2)	(180.9)
金融占 GDP 比例	−2.710	−2.680	−2.722	−1.400*	−3.204	−3.186	−3.241	−1.682*
	(1.841)	(1.817)	(1.835)	(0.780)	(2.103)	(2.089)	(2.112)	(0.913)
人均 GDP 对数	1336*	1357**	1449**	1281**	1255*	1267*	1388**	1189*
	(660.5)	(646.4)	(652.0)	(553.0)	(674.4)	(667.5)	(664.7)	(591.3)
GDP 对数	−1339*	−1357**	−1449**	−1214**	−1252*	−1263*	−1385*	−1106*
	(666.0)	(655.4)	(670.6)	(566.3)	(689.9)	(687.3)	(698.2)	(618.2)
时间趋势	5.780***	5.761***	5.885***	5.726***	6.175***	6.163***	6.327***	6.145***
	(1.126)	(1.124)	(1.181)	(1.147)	(1.299)	(1.297)	(1.357)	(1.328)

续表

变量	(1)	(2)	(3)	(4)	(5)	(6)	(7)	(8)
	实收资本	实收资本	实收资本	实收资本	贷款余额	贷款余额	贷款余额	贷款余额
常数项	−107784***	−107277***	−109194***	−104422***	−116279***	−115974***	−118501***	−113935***
	(19641)	(19601)	(20502)	(19237)	(22901)	(22887)	(23839)	(22537)
省固定效应	是	是	是	是	是	是	是	是
时间固定效应	是	是	是	是	是	是	是	是
观察值	620	620	620	580	620	620	620	580
$Adj\text{-}R^2$	0.905	0.905	0.906	0.907	0.911	0.911	0.912	0.913

注:括号中为稳健标准差,在省级聚类,*** $p<0.01$,** $p<0.05$,* $p<0.1$.

有意思的是，本文研究发现，“冲突型”规则对于小额贷款行业的发展没有任何影响，至少是从统计上看没有任何显著影响。表 3 的回归结果显示，“冲突型”规则没有对小额贷款业发展产生任何统计显著的影响。但是，“扩展型”规则对小额贷款行业的发展产生了负面的显著影响。表 3 的回归结果显示，对于实收资本而言，地方“扩展型”规则数越多时，当地/季度的小额贷款公司实收资本越低，统计结果显著。对于贷款余额来讲，表 3 第(5)至(8)列显示的结果不稳定：第(5)列显示“扩展型”规则显著减少贷款余额，但这一结果在第(6)至(8)列中并不显著。我们推测，相比于实收资本，法律法规对行业贷款余额的影响可能稍微滞后。这是因为，发放贷款这一业务必须在收到资本后才能开展，同时，发放贷款需要一定的操作周期。因此，贷款余额的减少可能存在着滞后效应，即当期法规的变更并不能在一个季度内稳定的影响贷款余额量——其影响可能是在一个季度以后。总体而言，“扩展型”规则越多的地方，在其他条件相同的情况下，小额贷款公司的实收资本越少、贷款余额越少。用夸张一点的话来说，越努力去管理小额贷款公司、颁布越多《指导意见》没有规定的规则，那么，这个地方的小额贷款公司发展反倒越不好。

（二）“扩展型”规则如何妨碍小额贷款行业的发展

为什么“扩展型”规则有这么大的“伤害”？为什么地方越努力，效果反而越不好？这其中的机制是什么？回归分析并不能帮助我们理解其中的机制。从经验观察来看，“扩展型”规则蕴含的真实意义，至少存在两种完全相反的解释。第一种解释是，“扩展型”规则带来了权力寻租的可能性。比如，细化股东资质要求、细化董事监事高管资质、增加变更条件，这无疑增加了地方政府的审批权力，加大了小额贷款公司及其股东的责任和义务，同时，也提供了监管“寻租”的可能。例如，在西部的 S 省，2009 年开始试点开办小额贷款公司以后的一段时期，小额贷款公司发展势头不错，小额贷款公司的牌照价值不菲，存在“牌照费”至少四五百万元的情况。第二种解释是，“扩展型”规则代表了审慎型的过度监管。在这种情况下，地方政府是出于保护小贷公司的相关方（借款人、股东等）的目的来扩展监管规则。措施过于严格，则负面影响行业发展。为什么地方政府这么审慎？其中一个原因来自于中央与地方分权的初始安排。比如,《指导意见》规定,地方政府要承担小额贷款公司风险处置责任。[①]换句话讲,中央将立法权、执行权(审批权、持续监管权)授予地方政府行使,其中的一个条件是,如果小额贷款公司出现问题,地方政府必须承担处置责任。在实践中,地方的处置责任表现在各个方面,如小额贷款公司的停业和注销、小额贷款公司经营不善时协调处理不良贷款等。浙江省规则规定,小额贷款公司的主发起人股东必须是本省企业。[②] 这一规定在许多省、自治区、直辖市规则中都能见到。[③] 之所以作出这样的规定,其中原因在于,如果小额贷款公司出现问题,本地企业容易协调,比如说服其采取或者不采取相应措施、说服其转让给愿意接盘的其他企业等等。

从经验观察来看,带有寻租可能性的"扩展型"规则和审慎性过度监管的"扩展型"规则可能同时存在。同样的规定,究竟属于带有寻租性可能性的"扩展型"规则,还是过度监管的审慎性"扩展型"规则,在现实世界中很难区分。比如,上面提到的股东必须为本地企业的规定,它可能是审慎性规则,也可能是寻租性规则。就后者而言,它实质规定了股东资质条件,外籍股东要进入本地小额贷款行业,则需要说服当地的监管机构。这种说服过程中衍生出来的外资股东是否应被视为外籍股东,其他省、自治区、直辖市的本地籍人士是否应被认定为外地股东等问题,也是惯常寻租过程经常出现的问题。

(原载于《山东大学学报(哲学社会科学版)》2017 年第 6 期)

---

① 《关于小额贷款公司试点的指导意见》第 5 条。

② 比如,2008 年 7 月 14 日《浙江省小额贷款公司试点暂行管理办法》第 15 条规定:"小额贷款公司主发起人原则上应当是管理规范、信用优良、实力雄厚的当地民营骨干企业。"在调查中,我们了解到,在执行这一规定时,外省的浙江企业(所谓浙商)也被允许发起设立小额贷款公司。

③ 比如,2009 年 1 月 4 日《北京市小额贷款公司试点实施办法》第 22 条规定:"小额贷款公司的股东应为(北京)境内的自然人、企业法人或其他社会组织,其中最大股东应为小额贷款公司所在区县的自然人、企业法人或其他社会组织。"